IMMANUEL BIRMELIN

mein Meerschweinchen

INHALT

1 Typisch Meerschweinchen

2 Wie sie leben möchten

Willkommen zu Hause

3

Das ist gesund und schmeckt

4

5 Gut gepflegt und rundum gesund

6 Beschäftigung und Wellness

Familienzuwachs in Sicht

7

Was tun, wenn es Probleme gibt?

8

Anhang

Mit Poster : So geht's uns rundum gut

1. Typisch Meerschweinchen

Sie sind gutmütig, kratzen und beißen nicht, werden schnell zutraulich und lassen sich gern streicheln – ideale Heimtiere also. Aber Meerschweinchen haben auch Ansprüche.

Meerschweinchen kennen lernen

Woher kommen die kleinen Nager? Wie leben sie? Was können sie? Fragen, die für eine artgerechte Haltung der Meerschweinchen wichtig sind. Nur, wenn Sie die Antworten kennen, werden Sie die Tiere richtig verstehen und auf ihre Bedürfnisse eingehen können.

DAS AUSSEHEN unserer Meerschweinchen hat sich in den letzten tausend Jahren gewaltig verändert. Seit der Mensch Hand anlegte und sie nach seinen Bedürfnissen züchtete, wurde aus dem graubraunen Nobody der Wildnis ein schwergewichtiger, bunt gescheckter, liebenswürdiger Nager.

Meerschweinchen: Nutztier und Heimtier zugleich

Erst kürzlich gelang es Wissenschaftlern in Bolivien, ein bis zu 4,5 Kilogramm schweres Meerschweinchen zu züchten. Normalerweise wiegen sie 800 bis 1000 Gramm. Dieser Riese unter den Meerschweinchen verrät die Absicht der südamerikanischen Bevölkerung. Sie wollten ein Tier haben, das gut schmeckt und viel Fleisch liefert. Und das ist nicht erst seit heute so, sondern seit Urzeiten. Mensch und Meerschweinchen haben eine lange gemeinsame Geschichte. 4000 vor Christus begannen die Indianer des peruanischen Hochlandes mit der Domestikation des kleinen Nagers. Aus dem Wildtier wurde ein Haustier. Der Appetit auf Meerschweinchen hat bis heute nicht nachgelassen. 65 Millionen Meerschweinchen »verputzen« die Peruaner Jahr für Jahr. Auf jedem Viehmarkt werden sie aus dem Sack gezogen und angepriesen. Die Bauern halten sie in Gruben in ihren Häusern, am liebsten in der Nähe des Herdes. Das ist keine Romantik, sondern Alltag auf dem Lande. Aber um 17.000 Tonnen Meerschweinchenfleisch zu produzieren, bedarf es anderer Haltungssysteme. Die kleinen Kerlchen werden in großen Farmen gezüchtet, ähnlich unseren Rindern und Schweinen. Anders als in ihren Heimatländern sind Meerschweinchen in Europa nie als Nahrung genutzt wurden. Hier sind sie die Lieblinge der Kinder. Im Handum-

Aufmerksame Gesellen: Keinesfalls sind Meerschweinchen träge oder gar langweilige Tiere!

Das Wildmeerschweinchen (Cavea aparea) *ist eine von drei Arten, aus denen sich Hausmeerschweinchen entwickelt haben. Die Verbreitung der Gattung Cavia reicht von Kolumbien bis Argentinien.*

drehen eroberten sie die Herzen der Adligen, als die spanischen Eroberer sie im 16. Jahrhundert nach Europa brachten. Seit dem hält ihr Siegeszug in die Herzen der Menschen an. Meerschweinchen gehören zu den beliebtesten Heimtieren. So viel Zuneigung erfahren ihre wilden Vorfahren allerdings nicht.

Die wilden Vorfahren

Wildmeerschweinchen müssen sich dem harten Überlebenskampf in der Natur stellen. Und dafür sind sie bestens geeignet. Sie trotzen Wärme und Kälte. Meerschweinchen leben in den gemäßigten Regionen Mittel- und Südamerikas, von Kolumbien bis nach Chile und Argentinien. In den Andenregionen treten sie bis in 5000 m Höhe auf. Nur im tropischen Tiefland und den kältesten Andenregionen kommen sie nicht vor. Sie sind zierlich gebaut, wieselflink und mit ihrem Fell gut an die Umgebung angepasst. Erst in der Dämmerung werden sie aktiv und huschen auf kleinen Trampelpfaden von Bau zu Bau. Ihre Hauptfutterquelle sind vorwiegend harte Gräser und Kräuter. Sie leben in Kolonien von 20 bis 40 Tieren. Wie fast bei allen Säugetieren hat ein Männchen mehrere Weibchen, die er sein Eigen nennt und bis hin zum blutigen Kampf verteidigt. Die Sozialstruktur der Wildmeerschweinchen ist das Harem, ebenso wie bei unserem Haustier. Aber Wildtier ist nicht gleich Haustier, wie Christine Künzl von der Uni Münster festgestellt hat. Die wilden Vorfahren sind aggressiver, aufmerksamer und scheuer als die Hausmeerschweinchen. Bei den Haustiervarianten balzen die Männchen häufiger und der soziale Kontakt ist intensiver. Dank ihres graubraunen Fells ist die Wildform so perfekt getarnt, dass man sie nur mit Anstrengung in der Natur entdecken kann.

Die Entdeckung einer neuen Art: Wissenschaftler der Uni Münster unter der Leitung von Professor Sachser gelang eine wissenschaftliche Sensation: Sie entdeckten eine neue Meerschweinchenart. Die Entdeckung war, wie so oft in der Wissenschaft, ein Zufall. Die Wissenschaftler holten vor ungefähr sechs Jahren zwölf Nagetiere aus der Provinz Cochabama in Bolivien, um sie mit ihren Wieselmeerschweinchen zu kreuzen und um so Inzuchtprobleme zu vermeiden. Aber es gab keinen Nachwuchs. Dem Biologen Matthias Asher, der die Tiere in freier Natur beobachtete, fiel auf, dass sie sich anders verhielten als andere Meerschweinchenarten. Die Väter spielten mit ihren Jungen, statt auf sie aggressiv zu reagieren, und sie waren monogam. Ein Männchen lebt mit einem Weibchen zusammen – was ausgesprochen selten ist. Nur drei bis fünf Prozent der weltweit 4250 Säugetierarten ist monogam. Weitere sorgfältige Untersuchungen wie Erbgutanalysen, Knochen und Zahnvergleiche ließen keinen Zweifel bestehen: Man hatte eine neue Meerschweinchenart entdeckt. Die Stadt Münster kann sich freuen, denn der »Neuling« wurde nach ihr benannt: »Münstersche Meerschweinchen«, mit dem wissenschaftlichen Namen *Galea monasteriensis*. Dieses Wildmeerschweinchen wiegt etwa 300 Gramm und ist rötlich grau.

Meerschweinchen-Riesen: Ganz andere Dimensionen besaß einer der Vorfahren unserer heute lebenden Meerschweinchen. Die Meldung schlug wie ein Blitz ein, als Marcelo Sanchez-Villagra von der Uni Tübingen das Skelett eines Riesenmonsters in Venezuela fand und erklärte, es handele sich um den Vorfahren unserer Meerschweinchen. Er war drei Meter lang, 1,3 Meter hoch und wog 700 kg. Es war das größte lebende Nagetier aller Zeiten, groß wie ein Büffel. Warum konnte dieses Monster nicht überleben? So ein großes Tier benötigt natürlich viel Futter und viel Zeit für die Nahrungssuche und, es kann leicht zur Beute großer Raubtiere werden. Ihre einzige Waffe ist die Schnelligkeit. Die Huftiere Afrikas sind

Das Leben im Rudel

1 **Wildmeerschweinchen** vor ihrem Unterschlupf. Aufmerksam wird die Umgebung gesichert. Ist die Luft rein oder droht Gefahr?

2 **Die wilden Verwandten** unserer Hausmeerschweinchen leben in Kolonien und bilden dort einen »Harem«. Ein Männchen besitzt mehrere Weibchen, die er mutig gegen fremde Artgenossen verteidigt.

DER UNTERSCHIED ZWISCHEN WILD- UND HAUSMEERSCHWEINCHEN

	Wildmeerschweinchen	Hausmeerschweinchen
Fellfärbung	uni, dunkelgraubraun	einfarbig oder gescheckt, viele Farbschattierungen, braun, rötlich bis schwarz
Fell	kurz und glatt	kurz glatt, aber auch lang glatt; Rosettenstruktur
Körperbau	schlank; Kopf zierlich spitz; dünne Beine, kleine Füße; Ohren klein, gerade am Kopf stehend; wird bis zu 20 cm lang	plump, Kopf breit und stumpfe Schnauze; Ohren größer, bei manchen Rassen Schlappohren; wird bis zu 33 cm lang
Verhalten	Sie gewöhnen sich zwar an Menschen, bleiben aber schreckhaft; beißen bei Bedrohung kräftig zu. Sie sind schnell und beweglich und können bis zu 60 cm hoch springen.	Sie sind leicht zu zähmen und verlieren schnell ihre Scheu. Hausmeerschweinchen beißen nicht und sind gegenüber Artgenossen verträglicher; keine Hochspringer.
Lautäußerungen	Purren hört man nur selten und meist nur leise. Das »Tschirpen« oder Singen, wie man es auch nennt, weil es an den Warnruf der Vögel erinnert, hört man häufig. Sie tschirpen, wenn sie beunruhigt sind und sich im Konflikt befinden.	Die ranghohen Männchen »purren« häufig und laut. »Tschirpen« hört man selten.
Rudelleben	Wenn die jungen Männchen geschlechtsreif sind, werden sie gnadenlos von den Vätern vertrieben, indem diese sie wegbeißen. Weibchen hingegen bleiben im Rudel, und die jungen Weibchen ordnen sich in der Hierarchie unter.	Hier wird der männliche Nachwuchs im Rudel nicht vertrieben. Sie erobern sich im Laufe ihres Lebens einen Rang im Rudel. Hausmeerschweinchen sind grundsätzlich weniger aggressiv als ihre wilden Artgenossen.

Champions der Schnelligkeit, und das sichert ihr Überleben. Einige Wissenschaftler sind der Meinung, dass *Phoberomys pattersoni* – so heißt der Riese wissenschaftlich – auf Grund seiner Nageranatomie langsam war und dadurch beim Grasen von großen Raubtieren gefressen wurde.

Biologischer Steckbrief

Skelett: An den Vorderbeinen sind vier und an den Hinterbeinen drei Zehen zu sehen. Das Schlüsselbein ist fast vollständig zurückgebildet. Meerschweinchen besitzen keinen Schwanz, obwohl sie erstaunlicherweise sechs Schwanzwirbel besitzen. Auf Grund ihres Ganges und ihrer Anatomie der Gliedmaßen stellen Meerschweinchen eine Übergangsform von Sohlen- und Zehengänger dar. Beim Laufen treten sie mit den Zehen auf und beim Stehen mit den Sohlen.
Hautdrüsen: Meerschweinchen besitzen Schweiß- und Talgdrüsen unter anderem an den »Fußballen«. Wichtig für das Zusammenleben sind aber das Kaudalorgan, eine Drüse im Bereich des Kreuzbeins, und die Perinealdrüsen zwischen Anal- und Geschlechtsorganen. Das Kaudalorgan des erwachsenen Männchens gibt Sekrete ab, die für den Gruppenzusammenhalt, das Revierverhalten und das individuelle Erkennen wichtig sind. Die Düfte der Perinealdrüse spielen bei der Sexualität eine Rolle.
Zähne: Ober- und Unterkiefer besitzen gleich viel Zähne. Der Oberkiefer hat zwei Schneidezähne, zwei Vorbacken- und sechs Backenzähne, aber keine Eckzähne. Die Backenzähne wachsen ständig – pro Woche 1,2 bis 1,5 mm. Meerschweinchen kommen mit fertigem Gebiss zur Welt. Der Zahnwechsel vom Milchgebiss zum endgültigen Gebiss findet noch im Mutterleib statt.
Herz: Das etwa 2,1 Gramm schwere Herz des Tieres schlägt 230 bis 380 Mal in der Minute.
Körpertemperatur: Sie beträgt beim Meerschweinchen 38,5 Grad Celsius.
Kopfrumpflänge: 22 bis 33 Zentimeter.

Meerschweinchen erkennen sich **am Geruch** und an den Lauten, die sie von sich geben.

Körpergewicht: 800 bis 1000 Gramm.
Magen-Darm: Der Magen hat ein Fassungsvermögen von 20 bis 30 ml. Der gesamte Darm hat eine Länge von 2,25 bis 2,49 Meter. Die pflanzliche Nahrung wird in einem ersten Schritt im Darm durch Kleinstlebewesen zersetzt und

Der gelbe Schmelz schützt die Zähne, denn durch das ständige Nagen wird das Gebiss stark beansprucht. ▸

ausgeschieden. Diesen weichen Kot fressen die Tiere in den Ruhephasen. Im zweiten Verdauungsdurchgang werden dann die Nährstoffe aufgenommen. Der Kot ist dann hart und trocken.

Geschlechtsbestimmung

Auf den ersten Blick sehen Männchen und Weibchen fast gleich aus. Bei genauem Hinsehen sieht man aber beim ausgewachsenen Männchen die Hoden. Zwei gut erkennbare Säckchen in der Nähe des Anus (→ Foto, Seite 55). Selbst Neugeborene verraten ihr Geschlecht, wenn man den richtigen Trick anwendet. Halten Sie das Meerschweinchen mit der Bauchseite nach oben und drücken Sie dann vorsichtig mit dem Finger auf den Bauch. Beim Männchen tritt nun deutlich der Penis hervor. Das kann man natürlich auch bei älteren Tieren tun, um ganz sicher zu sein, wer welches Geschlecht hat.

Die Sinnesleistungen

Warum ist es wichtig zu wissen, wie Meerschweinchen hören, sehen, riechen und tasten? Ganz einfach, denn wer weiß, wie Meerschweinchen die Umwelt wahrnehmen, versteht sie leichter und behandelt sie besser. Die Sinnesorgane sind die Verbindung zur Außenwelt und die wird von jeder Tierart unterschiedlich aufgenommen. Die Bedeutung der Sinnesorgane wird von den Tierhaltern meist unterschätzt, aber meine jahrelange Erfahrung mit Tieren hat mich gelehrt, wie wichtig das Wissen um die Sinnesorgane im Zusammenleben mit Meerschweinchen tatsächlich ist.
Meerschweinchen galten lange Zeit als undressierbar und der Schluss, den man daraus zog, war falsch und ungerecht zugleich: Meerschweinchen sind lieb, aber dumm. Als wir begannen, Meerschweinchen darauf zu dressieren, grüne, rote und blaue Tasten zu drücken um herauszufinden, ob sie Farben sehen, stellten wir fest, dass sie bei hohen Tönen wie angewurzelt stehen

WUSSTEN SIE SCHON, DASS ...

... die Tiere eine kultische Bedeutung hatten?

Schon seit Tausenden von Jahren haben Meerschweinchen bei den Bewohnern Perus eine mythologische Bedeutung. In der Naturmedizin der Andenvölker sind sie wichtige Opfertiere. Es ist schriftlich überliefert und beschrieben, wie die Inkas jedes Jahr im Juli, auf dem zentralen Platz in Cuzco, ihren Göttern 1000 weiße Meerschweinchen und 100 weiße Lamas opferten. Das Opferritual sollte für eine gute Ernte sorgen.

Meerschweinchen können sehr gut hören. Sie mögen **keine lauten Geräusche**. Sprechen Sie deshalb die Tiere stets mit leiser Stimme an.

blieben und erschreckten. An diesem Tag konnte man mit den Tieren keine Versuche mehr durchführen. Wie haben wir das festgestellt? Einer im Team – ein Musikgenie – hörte Töne bis etwa 21000 Hertz, die uns verborgen blieben. Er beobachtete, dass die Meerschweinchen bei hohen Tönen erschreckten und die Mitarbeit verweigerten. Die Konsequenz war klar, wir schützten unsere Meerschweinchen vor diesem Lärm, und der Erfolg stellte sich dann prompt ein.

Mit den Augen eines Meerschweinchens

Wie alle Pflanzenfresser haben auch Meerschweinchen ihre Augen seitlich. Seitliche Augenstellung eröffnet ein großes Blickfeld. Gegenstände können sowohl von der Seite, als auch von hinten gesehen werden. Das Blickfeld der Meerschweinchen beträgt 340 Grad. Diese Sicht der Welt garantiert ihnen das Überleben in der Wildnis. Ohne diese Fähigkeit würden sie leicht zur Beute von Raubtieren. Aber die Rundumsicht hat ihren Preis. Meerschweinchen sehen räumlich schlecht. In den südamerikanischen Grassteppen spielt das keine große Rolle, aber im Haus lauern Gefahren. Ihre Lieblinge erkennen Abgründe schlecht oder gar nicht. Darum achten Sie darauf, dass Ihr Meerschweinchen nicht vom Tisch fällt, wenn es darauf herumtollt. Die kleinsten Bewegungen dagegen sehen die kleinen Nager und das schützt sie vor Fressfeinden. Wenig Freude hätte aber ein Meerschweinchen im Kino. Ein Film besteht für Meerschweinchen nur aus einer Folge flackernder Bilder. Sein Auge unterscheidet nämlich 33 Bilder pro Sekunde, während wir es höchstens auf 22 bringen. Lange Zeit glaubte man, dass sie keine Farben sehen können. Aber dem ist nicht so. Wir selbst konnten in Verhaltensversuchen zeigen, dass sie zwischen rot, grün, und blau unterscheiden können. Diese Versuche wurden von anderen Wissenschaftlern bestätigt. Dagegen spricht allerdings, dass amerikanische Forscher nur zwei Arten von Zapfen – nämlich die für rot und die für grün – in der Netzhaut der Meerschweinchen gefunden haben.

Meerschweinchen erkennen Farben. Dieses grüne Häuschen muss inspiziert werden!

Unbestritten ist zwar, dass sie Farben sehen, aber ob sie tatsächlich die Farbe Blau wahrnehmen können, ist noch nicht geklärt.

Mit den Ohren eines Meerschweinchens

Meerschweinchen gehören zu den »Schwatzbasen« unter den Tieren, viele ihrer Verhaltensweisen werden durch Laute untermalt. Jede dieser Lautäußerungen hat eine ganz bestimmte Information. Der Rudelgenosse weiß dann, wie sich sein Gegenüber fühlt oder was er von ihm will. Gurrend und plappernd halten sie ständig Kontakt, Männchen und Weibchen erkennen sich an bestimmten Lauten, und das zärtliche Quicken der Damen stimmt Raufbolde friedlicher. Kein Wunder also, dass Meerschweinchen gut hören. Sicher ist, dass sie Töne von 125 bis 33.000 Hertz hören. Aber vermutlich hören sie sogar bis 40.000 oder 50.000 Hertz. Die Töne des Ultraschallbereichs bleiben dem Menschen verborgen. Der Hörbereich des Menschen liegt im Bereich von 20 bis 20.000 Hertz. Sie sind uns also im oberen Bereich überlegen. Aber wie wir Menschen hören sie nicht alle Töne des Klangspektrums gleich gut. Unser Ohr reagiert am empfindlichsten auf 2000 Hertz und bei anderen Frequenzen müssen wir lauter sprechen, damit wir verstanden werden. Am empfindlichsten ist das Meerschweinchenohr zwischen 500 und 8000 Hertz. Meerschweinchen sind empfindlich gegen Lärm, besonders wenn sie plötzlich mit hochfrequenten Tönen beschallt werden. Auf der Stelle bleiben sie wie angewurzelt stehen, aber in ihrem Inneren gibt es ein Stoffwechselgewitter. Das Herz beginnt zu rasen und die Stresshormone werden ausgestoßen. Daher vermeiden Sie plötzlich auftretenden Lärm. Gewöhnen Sie die Tiere vorsichtig an die Geräuschkulisse. Das tut Ihnen und den Tieren gut.

Mit der Nase eines Meerschweinchens

Wer Meerschweinchen beobachtet, stellt schnell fest, dass ihre Nase häufig im Einsatz ist. Sie beriechen alles Neue und vor allen Dingen ihren Partner. Der Duft ist ein wichtiges Kommunikationsmittel unter den Meerschweinchen. Zwei Jahre lang untersuchten wir die Wirkung bestimmter Duftstoffe auf das Verhalten der Tiere. Unter anderem machten wir auch folgende Versuche:

Meerschweinchen leben in einer Geruchswelt und ihre Nase ist stets im Einsatz. Alles Neue und Unbekannte wird beschnuppert und untersucht. Welch herrlicher Duft hier im Garten!

Der Genitalbereich eines Meerschweinchens wurde mit einem Pflaster überklebt, auf das fremder Urin getropft wurde. Keine Angst, das »verpflasterte« Meerschweinchen wurde nicht in seinem Verhalten beeinträchtigt, und das Pflaster ließ sich problemlos abnehmen. Wie spannend solche Versuche sind, möchte ich kurz schildern. Ein Weibchen wird mit dem Urin eines anderen Männchens markiert und dazu wird nun ein weiteres Männchen gesetzt. Raten Sie mal, was passieren wird. Das Männchen beschnuppert das Weibchen im Genitalbereich, schreckt sofort zurück und beginnt leicht zu drohen. Was passiert, wenn man dem Weibchen, den Urin seines Partners aufträufelt? Das Männchen erkennt seinen eigenen Urin in dieser Situation nicht, schreckt zurück und droht leicht. Nun stellt sich die Frage, ob der Urin grundsätzlich abstoßend wirkt, oder ob es einen Unterschied zwischen dem Urin von Weibchen und Männchen gibt?
Ein Weibchen mit der Duftnote einer anderen wirkt auf die Männchen jedoch anziehend. Das Männchen läuft dem Weibchen sofort hinterher und versucht, es zu besteigen. So weit ein kleiner Einblick in unsere Versuchspalette. Wir konnten feststellen, dass männlicher Urin auf Männchen abstoßend wirkt, der von Weibchen anziehend und aggressionshemmend. Dringt ein fremdes Männchen in ein besetztes Revier, können die beiden Rivalen bis zum Umfallen kämpfen. Aber nicht das Aussehen, sondern der Geruch macht sie aggressiv. Woher weiß man das? Wir hatten mehrere Meerschweinchengruppen, in denen jeweils ein kastriertes Männchen seit Jahren friedlich lebte. Dieses kastrierte Männchen rieben wir

TEST

Passen Meerschweinchen zu mir?

Meerschweinchen sind nicht so anspruchslos, wie oft behauptet wird. Prüfen Sie deshalb, ob es die richtigen Tiere für Sie sind.

	ja	nein
1. Sind Sie bereit, zwei oder mehrere Meerschweinchen zu halten?	○	○
2. Haben Sie genügend Zeit, den Tieren täglich ausgiebigen Freilauf zu gönnen?	○	○
3. Versorgt jemand Ihre Tiere, während Sie im Urlaub sind?	○	○
4. Sind Sie bereit, sich täglich intensiv mit den Meerschweinchen zu beschäftigen?	○	○
5. Würden Sie ein krankes Tier vom Tierarzt behandeln lassen, auch wenn das teuer wird?	○	○
6. Beobachten Sie gern das Verhalten der Meerschweinchen?	○	○
7. Füttern Sie auch Frischfutter, wie beispielsweise Gemüse, Salat und Obst?	○	○
8. Reinigen Sie täglich Futternapf und Trinkbehälter?	○	○
9. Sorgen Sie dafür, dass der Käfig sauber ist?	○	○
10. Bieten Sie Ihren Meerschweinchen Abwechslung, damit sie sich nicht langweilen?	○	○

AUFLÖSUNG: 10-mal »ja«: Solch einen Halter können sich Meerschweinchen nur wünschen. Bei Ihnen wird es den Tieren sehr gut gehen. 8-mal »ja«: Vielleicht können Sie die Fragen, die Sie verneint haben, nochmals überdenken. Weniger als 5-mal »ja«: Für Sie sind diese Tiere nicht geeignet.

mit dem Stroh aus einem fremden Käfig ein. Und sofort begann der Revierinhaber sein Gruppenmitglied anzupurren und zu bedrohen, als wäre er ein Fremder. Glück für die Kastrierten, dass ihr »Parfüm« so rasch verduftet. Wie gut Meerschweinchen riechen, ist meines Wissens wissenschaftlich noch nicht exakt untersucht worden. Es wird behauptet, sie riechen besser als Menschen und schlechter als Hunde. Dem würde ich zustimmen. Wichtig für Sie: Ein Meerschweinchen lernt Sie an Ihrem persönlichen Geruch erkennen, daher sollten Ihre Hände nicht nach Parfum oder Putzmittel riechen.

Der Geschmackssinn

Pflanzenfresser gehören zu den Tieren mit der höchsten Anzahl an Geschmacksknospen. Rinder sind Spitzenreiter. Eine Kuh besitzt etwa 25.000 Geschmacksknospen, ein Kaninchen 17.000 und eine Katze zum Vergleich nur 473 und der Mensch 9000. Das ist erstaunlich, macht aber biologisch Sinn. Denn Pflanzenfresser müssen die vielen Grassorten und Pflanzen gut von Giftigem und Unreifem unterscheiden können. Vor diesem Problem stehen auch Meerschweinchen. Man glaubt es kaum, aber diese »Nimmersatte« wählen ganz gezielt ihr Futter. Meine Meerschweinchen hatten Vorlieben für die eine oder andere Kost. Sie bevorzugen kein zu bitteres und zu süßes Futter. Wissenschaftler stellten fest, dass sie leicht gesüßtes Wasser gern tranken, zu süßes aber vermieden. Bitteres Wasser tranken sie nicht. Bei bitterem Futter ist dies leicht verständlich, weil giftige Pflanzen oft bitter schmecken.

TIPP

Die Tasthaare sind wichtig

Mithilfe ihrer Tasthaare können sich Meerschweinchen im Dunkeln orientieren. Leider wird diese Fähigkeit bei einigen Rasse-Meerschweinchen dadurch eingeschränkt, dass die Tasthaare verkürzt bzw. gewellt sind. Das ist beispielsweise häufig bei Rex-Meerschweinchen und Texel der Fall (→ ab Seite 25).

Der Tastsinn

Man sieht sie deutlich, die langen kräftigen Haare, die rund um Mäulchen und Nase angeordnet sind. Es sind Tasthaare mit einer ganz bestimmten Funktion. Sie informieren das Meerschweinchen über seine nahe Umwelt. So, wie wir z. B. mit unseren Fingerkuppen oder unserer Zunge die Gestalt eines Gegenstandes identifizieren, so machen dies Meerschweinchen mit ihren Tasthaaren. Aber das ist noch nicht alles. In der Dämmerung oder bei Dunkelheit helfen die Tasthaare den Tieren, sich im Raum zu orientieren. Sie stoßen damit an und bekommen somit Information über den Raum. Wir machen es auch nicht viel anders. Im Dunkeln strecken wir die Arme aus und bewegen uns mit den Händen tastend im Raum. Die Meerschweinchen haben es da leichter mit ihren Tasthaaren. Das müssen sie auch, denn in der Wildnis werden die Tiere erst in der Dämmerung aktiv. Und bei der Flucht helfen die Tasthaare, Durchschlupfmöglichkeiten zu erkennen. Darum schneiden Sie die Tasthaare Ihres Meerschweinchens keinesfalls ab!

Tiefen abzuschätzen ist für Meerschweinchenaugen alles andere als leicht. ▶

So leben Meerschweinchen

Es gibt kaum eine Tierart, über die man so viel weiß wie über unsere Meerschweinchen. Viele Wissenschaftler fanden sie spannend und untersuchten ihr Verhalten. Besonders beeindruckt haben mich der Zoologe und Verhaltensforscher Professor Norbert Sachser sowie Sylvia Kaiser und ihr Team, weil sie einen neuen Zugang zur inneren Welt unserer Kuscheltiere fanden.

Hormone steuern das Verhalten

Viele Verhaltensweisen unserer Meerschweinchen werden durch Erhöhung oder Erniedrigung der Hormone im Blut begleitet. Stress z. B. bewirkt eine Erhöhung des Cotisolhormons (→ rechts). Auch wie sie sich fühlen, hängt von Hormonen ab. Meerschweinchen fühlen sich nur mit einem Partner oder, noch besser, in der Gruppe wohl. Sie sind soziale Wesen und nicht nur von Instinkten geleitet. Manche Verhaltensweisen wie Droh-, Kampf- und Balzverhalten sind genetisch programmiert. Was diese Tiere aber damit machen, ist sehr stark sozialisationsabhängig.
Wie sie mit Stress umgehen können, lernen die Meerschweinchen schon in der Kinderstube. Unter den Männchen gibt es eine klare Rangordnung und eine feste Partnerschaft zu den Weibchen. Dieses soziale Gefüge verhindert Stress. Kommt ein Neuling in die Gruppe, der die Regeln nicht kennt, gibt es einen Kampf. Der Revierbesitzer läuft breitbeinig und ausladend wie ein Westernheld mit gesträubten Nackenhaaren auf den Eindringling zu und klappert mit den Zähnen. Er tut dies aber nicht aus Furcht, sondern um Stärke zu demonstrieren. Dann stellt er sich in Positur und fährt imponierend seine Hoden aus. Nun kann es gefährlich werden. Gibt der Eindringling nicht auf, kommt es zu einem blutigen Kampf. Er kann tödlich enden, wenn der Käfig zu klein ist und der Unterlegene nicht fliehen kann. Im besten Fall zieht sich der Unterlegene in eine Käfigecke zurück und verhält sich ruhig. Sein Äußeres verrät nicht, dass seine Stresshormone auf das Doppelte ansteigen. Nicht selten verkümmert er und stirbt ohne äußere Verletzung in wenigen Tagen. Bei genügend Raum erhält der Nebenbuhler ein Minirevier, wo er sich ungestört aufhalten kann. Das ist natürlich kein Dauerzustand, sondern Sie müssen ihm eine

Fremder Besuch

1 **Misstrauisch** wird der fremde Artgenosse beäugt. Noch herrscht die Angst vor, auf den Eindringling zuzugehen.

2 **Meerschweinchen beriechen** fremde Artgenossen vor allem an der Wange und unter dem Kinn.

3 **Mit der Nase** stellt das Meerschweinchen fest, ob es sich bei dem Artgenossen um ein Männchen oder ein Weibchen handelt. Hier haben sich zwei Weibchen getroffen.

neue Umgebung schaffen (→ Seite 38). Und warum ist die intakte Gruppe für Meerschweinchen so wichtig? Ganz einfach: In den festen Paarbindungen bekommt der Einzelne, wenn Gefahr von der Gruppe droht, Unterstützung. Sie können sich aufeinander verlassen und das macht sie friedlich. Das ist der Schlüssel zu einer regen Vermehrung. Bei vielen Tierarten kann eine Überbevölkerung zum Bumerang werden. Sie pflanzen sich nicht mehr so häufig fort und Streitereien beginnen. Nicht so bei Meerschweinchen.
In kleinen Gruppen dominiert immer der Meerschweinchenmann. Er ist der absolute Boss und verteidigt sein Weibchen. In großen Gruppen hingegen wird der Lebensraum des bisherigen Chefs aufgeteilt.
Es gibt kleine Reviere, in denen die Männer ihre Weibchen beschützen. Meerschweinchen haben keine Probleme, die Position des anderen im Rudel zu akzeptieren und zu respektieren. Das erinnert stark an die menschliche Gesellschaft und wie bei uns Menschen hängt bei Meerschweinchen der Erfolg eines friedlichen Zusammenlebens letztendlich von den Erfahrungen ab, die der Einzelne in seiner Kind- und Jugendphase gesammelt hat.

Erfahrungen sammeln

Meerschweinchenmänner lernen in der Pubertät, wie sie später im Rudel mit ihrer Position als dominantes oder unterlegenes Tier umgehen. Voraussetzung ist aber, dass sie die Gelegenheit hatten, mit älteren erfahrenen Männchen ihre Kräfte zu messen. So lernen sie die Spielregeln der Kolonie.
Weder bei Chefs noch Unterlegenen unterscheiden sich die Stresshormone. Es kommt also darauf an, wie man seine Position akzeptiert. Unterlegener zu sein muss nicht schlecht sein, man kann auch mit einer niedrigeren Position zufrieden sein. Nur muss dies gelernt werden. Erfahrungen mit anderen spielen also bei Meerschweinchen eine große Rolle und sollten von Hal-

tern nicht unterschätzt werden. Ein schönes Beispiel illustriert dies: Männchen, die im Rudel heranwuchsen und für 20 Tage in eine fremde Gruppe gesetzt wurden, zeigten Erstaunliches. In den ersten Tagen untersuchten sie die Umgebung und kümmerten sich überhaupt nicht um die Weibchen. Und das war gut so, denn so zogen sie nicht den Hass der anderen Männchen auf sich. Sie wurden nicht angegriffen, sondern konnten sich allmählich in die Gruppe integrieren und sogar in der Rangleiter nach oben klettern.
Männliche Meerschweinchen, die alleine aufgewachsen waren, hatten das schlechtere Los. Sie verloren deutlich an Gewicht und einige von ihnen starben, obwohl sie keine äußeren Verletzungen hatten. Sie waren den häufigen Bedrohungen und Kämpfen nicht gewachsen. Ihre Hormone rebellierten. Und wie ergeht es dem anderen Geschlecht? Weibchen können sich leichter in einem neuen Rudel zurechtfinden, unabhängig davon, welche Kinderstube sie hatten.

Die intakte »Familie«

Die Forscher der Uni Münster fanden erst vor kurzem einen neuen Baustein im Puzzle des Meerschweinchenverhaltens. Die Kinder von schwangeren Müttern, die in einer stabilen Umwelt leben, verhalten sich anders als die von Müttern in einer instabilen Umwelt. Was heißt stabil und instabil? Stabil heißt: Die Mütter lebten dauernd mit einem Männchen und fünf Weibchen zusam-

TIPP

Artgenossen helfen

Meerschweinchen sind sehr stressanfällige Tiere. Untersuchungen haben gezeigt, dass die kleinen Nager Stress wesentlich besser verkraften, wenn sie mit Artgenossen zusammenleben. So werden fremde und unvorhergesehene Situationen viel besser gemeistert. Auch aus diesem Grund: keine Einzelhaltung!

Meerschweinchen sind von Haus aus **Rudeltiere**. In ihrer südamerikanischen Heimat leben die Tiere in Kolonien zusammen.

men. Instabil bedeutet: Jeden dritten Tag wurden zwei Weibchen fremder Rudel ausgetauscht. Eine kleine Veränderung, aber mit großer Wirkung. Die Töchter von Müttern einer instabilen Umgebung zeigten ein mehr männliches Verhalten. Das Männlichkeitshormon Testosteron war bei den Töchtern deutlich erhöht, während die Söhne kindlicher blieben. Das Rudelleben unserer kleinen Sensibelchen ist spannend, aber nicht einfach. Daher ist es wichtig, wie man die Gruppe zusammenstellt.

Artgenossen sind wichtig

Die wilden Vorfahren unserer Meerschweinchen sind Rudeltiere. In ihren Genen steht geschrieben, dass sie den Artgenossen brauchen. Und ebenso ist es mit unserem Hausmeerschweinchen. Werden Meerschweinchen aus der vertrauten Umgebung in einen spärlich eingerichteten Käfig gesetzt, steigen die Stresshormone deutlich an, wenn das Tier die Situation alleine bewältigen muss. Zu zweit ist der Anstieg der Stresshormone deutlich geringer. Nach außen wirken sie zwar »cool«, aber in der neuen Umgebung beginnt ihr Herz schneller zu schlagen. Die Aufregung dauert 30 Minuten. Als Paar beginnt das Herz schon nach drei Minuten normal zu schlagen. Die Zahlen sagen alles. Alleine dauert der Stress zehnmal so lange wie als Pärchen. Hinzu kommt, dass einzeln gehaltene Tiere keinen Partner zum Gurren, Quietschen und Purren haben. Ohne Ansprechpartner ist das Leben einsam und langweilig, nicht nur für uns Menschen, sondern auch für Meerschweinchen.

Pärchenhaltung: In aller Regel verstehen sich die Partner gut. Es gibt keine Kämpfe und Drohungen. Einziges Problem ist der Nachwuchs (→ Seite 109).

Weibchenhaltung: Mehrere Weibchen können problemlos zusammen gehalten werden. Die Aggression in solch einer Gruppe ist allerdings doch etwas höher als in einem Rudel mit einem Männchen und mehreren Weibchen. Die Weibchen streiten durchaus ab und zu untereinander.

Männchenhaltung: Zwei Männchen vertragen sich. Sie benötigen aber viel Platz, um sich aus dem Weg zu gehen. In der Pubertät, mit etwa zwei bis drei Monaten, kann es zu Rangkämpfen kommen, die aber meist nicht gefährlich sind. Wird der Kampf der Streithähne zu heftig, dann trennen Sie die

Wer den Apfel zuerst entdeckt, fängt schon mal allein zu fressen an.

beiden kurzzeitig. In aller Regel vertragen sie sich dann wieder. Ein älteres und ein junges Männchen machen die wenigsten Probleme. Der »Alte« dominiert und ist der Boss.
Abraten würde ich Ihnen jedoch von der Haltung mehrerer Männchen. Die Gefahr, dass sie sich untereinander nicht vertragen, ist groß. So spannend es sicher auch ist, solch eine Gruppe zu beobachten. Norbert Sachser stellte beispielsweise fest, dass in einer reinen Männergruppe manche von ihnen weibliches Verhalten zeigten. Diese »Pseudoweibchen«, wie er sie nennt, wurden sogar von den anderen Männchen heftig umgarnt und angebalzt. Doch diese Haltungsform ist nicht erstrebenswert.
Hinweis: Viele Männchen und viele Weibchen – das ist die ideale Meerschweinchen-Gruppe, weil ranghohe und rangniedere Tiere friedlich miteinander leben und jeder in der Gruppe die Spielregeln lernt.
Weniger zu empfehlen ist dagegen ein Rudel, das aus wenigen Männchen und vielen Weibchen besteht. Hier kann es in der Regel zu besonders heftigen Streitereien bis hin zu blutigen Kämpfen kommen.

WUSSTEN SIE SCHON, DASS …

… Meerschweinchen nicht zu Kaninchen passen?

Die Versuchung ist groß, diese beiden niedlichen Tierarten zusammen zu halten, aber es empfiehlt sich nicht. Würde man die Meerschweinchen fragen, mit wem sie lieber zusammen sind – einem Kaninchen oder einem Artgenossen –, ist die Antwort klar. Das zeigen eindeutig wissenschaftliche Versuche. Die Meerschweinchen durften zwischen Artgenossen und Kaninchen wählen. Das Ergebnis war eindeutig. Sie entschieden sich natürlich für ihresgleichen. Kein Wunder, denn Kaninchen und Meerschweinchen haben beispielsweise einen völlig unterschiedlichen Tagesrhythmus und sie sprechen verschiedene Sprachen. Und noch ein Problem kann entstehen. Mangels Artgenosse betrachtet ein Kaninchen-Mann das Meerschweinchen als Sexualpartner und versucht es ständig zu besteigen oder das Kaninchen verfolgt das Meerschweinchen im engen Käfig und beißt es. Stress pur für das Meerschweinchen.

Verhalten und Körpersprache

Wer eine gute Beziehung und Bindung zu seinem Mitgeschöpf Tier hat, der ist in der Regel auch Garant für eine gute Tierhaltung. Voraussetzung einer tiefen Bindung zu seinem Tier ist, dass man es

MEIN HEIMTIER

Können Meerschweinchen Farben sehen?

Hinter zwei Futternäpfen, die auf einer Geraden im Abstand von einem Meter stehen, stellen Sie jeweils senkrecht einen grün oder blau angemalten Karton (5 x 10 cm). Knicken Sie den Karton so um, dass er hinter dem jeweiligen Napf stehen bleibt.

Der Test beginnt:

Legen Sie in den Napf mit dem blauen Karton geruchloses Trockenfutter, der andere Napf bleibt leer. Lassen Sie das Meerschweinchen im Abstand von einem Meter loslaufen, sodass es zu beiden Näpfen gleich weit entfernt ist. Nach einigen Versuchen (10 bis 15), hat das Tier gelernt, wo das Futter ist. Um zu vermeiden, dass es sich die linke oder rechte Seite merkt, vertauschen Sie den blauen Karton beliebig. Testen Sie auch andere Farben.

Mein Testergebnis:

versteht und seine arttypischen Bedürfnisse respektiert. Meerschweinchen machen es einem leicht: Ihr Verhalten und ihre Körpersprache sind auch für uns Menschen leicht zu verstehen.

Drohen: Ein aggressiv gestimmtes Meerschweinchen sträubt bei schwacher Erregung die Nackenhaare, bei starker Erregung auch das ganze Rücken-, Flanken- und Backenfell. Gleichzeitig klappern die Tiere vernehmlich mit den Zähnen. Männchen präsentieren die Hoden und umkreisen den Gegner. Die Einschüchterungstaktik eines Meerschweinchens wird durch seine Stimme unterstützt. Es »purrt« und das klingt so wie ein langgezogenes »br br br«.

Treteln: Beim Treteln belastet das Meerschweinchen vermehrt die Vorderbeine und hebt abwechselnd ein Hinterbein hoch. Der Hinterleib schaukelt dabei seitlich hin und her. Je rangniederer und fluchtbereiter das Männchen ist, desto höher hebt es die Füße und umso weiter schwenkt es den Hinterleib. Meerschweinchen treteln, wenn sie den Gegner einschüchtern wollen.

Erstarren: Ängstliche Tiere verharren in diesem Moment völlig regungslos, ihre Bewegung wirkt gleichsam wie »eingefroren«. Weibchen und Jungtiere erstarren häufig auf eine ungewohnte Störung hin (Fluglärm, Türen knallen). Rangniedere Männchen erstarren beim Herankommen des Ranghöchsten.

Harnspritzen: Mit gezielten Harnspritzern wehrt man sich als Meerschweinchen-Dame gegen aufdringliche Freier.

Das Weibchen hebt plötzlich das Hinterteil so weit wie möglich hoch und schießt einen Harnstrahl fast waagrecht nach hinten ab. Die Weibchen spritzen ihren Harn bis zu 30 Zentimeter weit.

Rumba: Wie Meerschweinchen ihre Auserwählte umwerben, erinnert an die Tanzschritte des lateinamerikanischen Tanzes »Rumba«. Im Zeitlupentempo und Purrlaute ausstoßend umkreist der Freier seine Dame.

Gähnen: Wer bei den Meerschschweinchen gähnt ist nicht müde, sondern er hat verloren und streicht die Waffen. Der Verlierer eines Kampfes gähnt den Sieger an und signalisiert ihm damit Unterlegenheit.

Hüpfen: Wie Menschenkinder hüpfen Meerschweinchenkinder aus lauter Lebenslust und Spielfreude in die Luft. Und wie beim Menschen auch, machen es die anderen nach.

Quiecken: Es ist ein langer durchdringender Pfeifton und verfehlt selten seine Wirkung auf den Menschen. Das Tier bettelt auf diese Weise um Futter.

Quietschen: Ein lauter langgezogener Schrei, den Meerschweinchen ausstoßen, wenn sie große Angst oder auch Schmerzen haben.

Fiepen: Bei diesem hohen, leisen und langgezogenen Ton handelt es sich um den Verlassenheits- oder Klagelaut der Jungtiere.

Purren: Diesen tiefen Laut mit kurzen Trillern ertönt bei Meerschweinchenmännern, wenn sie drohen und balzen.

Ordnung muss sein: Die Systematik

Bei der Vielzahl von Pflanzen- und Tierarten, die es auf der Welt gibt, muss eigentlich jeder einsehen, dass man sie ordnen muss. Ansonsten würde ein Chaos entstehen und keiner wissen, wovon er spricht. Darum hat die Wissenschaft ein System der Namensgebung entwickelt, so dass jeder Mensch – unabhänig von seiner Nationalität – genau weiß, von welcher Tier- oder Pflanzenart da genau die Rede ist. Jedem von ihnen ist klar, dass *Cavia aperea f. porcellus* das Hausmeerschweinchen ist. Die wissenschaftlichen Namen haben meist einen lateinischen oder griechischen Ursprung. Zu verdanken haben wir dieses geniale Ordnungs-

Irgendetwas liegt in der Luft. Ist es das leckere Grün oder war ein Artgenosse in der Nähe?

system dem Schweden Carl von Linné. Diese Ordnung ist aber nicht ein vom Menschen willkürlich geschaffenes Produkt, sondern sie geht davon aus, dass kompliziert gebaute Lebewesen im Laufe ihrer stammesgeschichtlichen Entwicklung aus einfacher gebauten Wesen entstanden sind. Die Ordnung ist also zugleich Ausdruck der natürlichen Verwandtschaft. Der zoologische Steckbrief des Meerschweinchens sieht folgendermaßen aus:

Klasse: *Mammalia* (Säugetiere).
Ordnung: *Rodentia* (Nagetiere).
Familie: *Caviidae* (Meerschweinchen).
Art: *Cavia aperea* (Wildmeerschweinchen).
Art: *Cavia f. porcellus* (Hausmeerschweinchen).
Das Hausmeerschweinchen stammt von dem Wildmeerschweinchen (*Cavia aperea*) ab und wird mit dem Zusatz »*forma domestica*« oder »*forma porcellus*« bezeichnet.

Die Gemeinschaftshaltung von Meerschweinchen und Kleinpapageien ist unproblematisch, solange man ein Auge auf das tierische Team hat.

Rasse-Meerschweinchen

Meerschweinchen gibt es inzwischen in schier unendlich vielen Farbschlägen und auch verschiedenen Felllängen und -strukturen. Wer die Wahl hat, hat die Qual, kann ich da nur sagen. Auf den folgenden Seiten finden Sie eine kleine Rasseauswahl.

DIE ZUCHT der Meerschweinchen führte im Laufe der Zeit zur Entstehung vielfältiger unterschiedlich aussehender Tiere in Färbung und Behaarung.

Der Rassestandard

Die Farbskala reicht von reinweißen Albinos mit roten Augen bis hin zu pechschwarzen Tieren. Auffallend ist die Fülle der Scheckkombinationen und Haarstrukturen. Es gibt Langhaarmeerschweinchen, die Angorameerschweinchen und solche mit vielen aufeinander folgenden Haarwirbeln, die Rosettenmeerschweinchen und natürlich glatthaarige Tiere. Die Rassen werden nach Merkmalen des Körperbaus, Fellfärbung und Behaarung unterschieden. Diese Merkmale sind in einem Standard festgehalten. Er ist die Grundlage für die Zucht und das Bewertungskriterium, ob ein Meerschweinchen bei einer Ausstellung zum Sieger gekürt wird. Die deutschen, österreichischen und schweizerischen Preisrichter richten sich nach dem holländischen Standard. Der Körperbau sollte bei allen Rassen einem bestimmten Standard entsprechen. Zu den »Schönen« zählt, dessen Körperbau kurz und kräftig (geblockt) ist und der eine kräftige Hinterhand hat. Die Beine sollten kräftig und gerade sein. Der Kopf soll kräftig erscheinen und das Verhältnis von Kopfgröße und Abstand zwischen Augen und Ohren wohlproportioniert sein. Die Augen sollen rund und klar sein. Die unbehaarten Ohren hängen nach unten und zeigen in der Mitte eine leichte Welle. Zum Schönheits- und Rassemerkmal gehört auch eine runde Schnauze und gut entwickelte Wangen. Das Gewicht der Tiere darf von 700 bis 1200 Gramm (bei den Weibchen) und von 700 bis 1800 Gramm (bei den Männchen) reichen.
Neben dem holländischen Standard gibt es auch einen englischen und amerikanischen Standard. Die Unterschiede liegen vor allem in den Farben und der Behaarung der Meerschweinchen.

TIPP

Gesundheitsprobleme

Überlegen Sie sich gut, ob Sie Rasse-Meerschweinchen haben möchten, die genau nach Standard gezüchtet sind. Der gewünschte runde Kopf mit der kurzen Schnauze führt bei den Tieren häufig zu schweren Atem- und Zahnproblemen. Außerdem leiden die Tiere sehr unter starkem Augenausfluss.

Rasseporträts auf einen Blick

Junges Aguti-Meerschweinchen

Dieses Jungtier ist aguti, also wildfarben gefärbt und ähnelt somit zumindest in der Farbgebung seinen wildlebenden Vorfahren. Beim typischen glatthaarigen Meerschweinchen weist der Kopf eine runde Nase auf und der Körper ist von den Schultern bis zur Hüfte gleich breit. Bei allen Meerschweinchen finden sich an den Vorderfüßen vier, an den Hinterfüßen drei Zehen.

Erwachsenes Aguti-Meerschweinchen

Glatthaar-Meerschweinchen gibt es in unzähligen Farbschlägen. Ihnen allen gemeinsam ist das etwa drei Zentimeter lange, dicht am Körper anliegende Haar, das keinerlei Wirbel oder Wellen aufweist. Dieses agutifarbene Tier ist gut von einem wildlebenden zu unterscheiden: Es hat im Gegensatz zu ihm Hängeohren.

Dreifarbig

Dieses Tier ist dreifarbig gescheckt. Sind die Flecken scharf, fast karoartig voneinander abgegrenzt, so wird die Zeichnung Schildpatt genannt.

Meliertes Meerschweinchen

Das Fell glatthaariger Meerschweinchen ist pflegeleicht und verschmutzt nicht schnell, was auch der Grund ist, warum gerade sie für Anfänger besonders gut geeignet sind. Dieses interessante graumelierte Tier hat eine oft auftretende Zwischenform aus Steh- und Hängeohren.

Rot-weiß

Dies ist zwar kein waschechter Holländer – so bezeichnet man einen braunen Kopf mit weißer Blesse und braunem Hinterteil –, doch auch ein hübsches Tier! Schecken gibt es in allen Farben, doch nicht alle entsprechen dem Rassestandard.

Schwarz-weiß

Bei diesem zweifarbigen Glatthaar-Meerschweinchen kam es durch Zufall zu so wunderschönen Zeichnungen wie dieser schwarzen »Backe«.

Satin-Meerschweinchen

Dieses rote Satin-Meerschweinchen besitzt feines, schimmerndes Fell. Der besondere Glanz entsteht, weil der Haarschaft hohl ist und das Licht dadurch anders reflektiert wird.

Satin-Meerschweinchen

Leider zeigt diese Rasse nicht selten ängstliches Verhalten. Ihre Haltung erfordert eine besondere Behutsamkeit.

Rex-Meerschweinchen

Sie gehören mit zu den beliebtesten Meerschweinchen. Ihr Fell ist durch seine Kräuselung und das Fehlen des Deckhaares gekennzeichnet. Die Haare stehen wie gesträubt vom Körper ab. Sogar die Tasthaare am Schnäuzchen können gewellt sein. Am Bauch ist ihr Fell etwas dünner und kürzer.

Rosetten-Meerschweinchen

Kennzeichen dieser Rasse sind das 3,5 Zentimeter lange, kräftige Haar und die acht bis zwölf über den Körper verteilten Wirbel.

Dreifarbiges Rosetten-Meerschweinchen

Überaus beliebt sind dreifarbige Rosetten-Meerschweinchen. Dieses und das Tier rechts unten haben einen bunten Mix aus weißen, schwarzen und braunen Haaren. Das Fell dieser Rasse fühlt sich borstig und fest an. Die Wirbel verleihen den Tieren ein lustiges Aussehen.

Cremefarben

Rosetten-Meerschweinchen sind gar nicht so leicht zu züchten. Dieses struppige Kerlchen ist eine hübsche cremefarbene Variante mit großen Stehohren.

Gescheckt

Laut Standard sollten die Rosetten gleichmäßig über den Körper verteilt sein: vier Körperrosetten, zwei Hinterhand- und zwei Hüftrosetten.

Sheltie

Hier ein hübsches dunkelgraues Tier. Shelties haben keine Rosetten, ihr seidiges Fell fällt nach hinten und zur Seite und ist im Gesicht kurz. Diese Rasse stellt eine Variante der Peruaner dar.

Peruaner

Im Sommer ist langhaarigen Rassen ganz besonders heiß, deshalb unbedingt auf Schattenmöglichkeiten achten.

Angora-Meerschweinchen

Dieses rot-weiße Angora-Meerschweinchen besticht mit seiner frechen Tolle. Angoras haben lange Haare wie Peruaner, jedoch eine unbestimmte Anzahl von Rosetten.

Peruaner

Sie haben langes Fell, zwei Rosetten am Hinterteil und eine am Kopf, einen Mittelscheitel und oftmals einen seidig weichen Pony.

Texel Meerschweinchen

Diese Rasse trägt Löckchen: Ihr langes gewelltes Körperfell ist durch einen Mittelscheitel geteilt und fällt wie eine Schleppe zu beiden Seiten. Das Fell im Gesicht ist kurz. Diese Rasse wurde in den 80er Jahren aus Sheltie- und Rex-Meerschweinchen gezüchtet. Vom Sheltie hat das Texel das lange wirbellose Haar, vom Rex das krause Fell. So eine Haarpracht erfordert ganz besondere Pflege!

American Crested

Diese zwei braun- und cremefarbenen American Cresteds sind an ihrer weißen Krone, die man auch Schopf nennt, zu erkennen.

English Crested

Bei dieser glatthaarigen Rasse ist die Krone nicht weiß, sondern sie besitzt die Farbe des restlichen Fells. Hier eine hübsche dreifarbige Variante mit rotem Schopf.

Wie sie leben möchten

Keine Frage – an erster Stelle stehen die Artgenossen. Doch auch ein geräumiges Heim und ein Freilauf mit vielen Beschäftigungsmöglichkeiten tragen entscheidend zum Wohlbefinden bei.

Hier fühlen sich Ihre Meerschweinchen wohl

Es ist leicht, sich in Ihre Meerschweinchen hineinzuversetzen, wenn es um die Frage des Wohnens geht. Möchten Sie in einem ungemütlichen Zuhause leben? Sicher nicht und deshalb ist es wichtig, auch Ihren Meerschweinchen ein behagliches Heim zu schaffen.

DAS WOHLERGEHEN unserer Meerschweinchen ist natürlich von vielen Dingen abhängig, unter anderem auch davon, wie groß sein Heim ist und welche Einrichtung es hat. Das ist nicht viel anders als bei uns Menschen – nach dem Motto: »My home is my castle«. Aber dennoch gibt es einen großen Unterschied. Meerschweinchen sind nicht so große Individualisten wie wir. Erfüllt das Heim bestimmte Normen, dann fühlt sich unser kuscheliger Vierbeiner wohl. Glücklicherweise gibt es heute gute und praktische Empfehlungen, die wissenschaftlich getestet und in der Praxis ausgelotet wurden.

Der richtige Platz für das Meerschweinchen-Heim

Licht und Schatten. Suchen Sie einen Platz mit Sonne und Schatten. Ein Teil des Käfigs sollte immer im Schatten stehen, sodass die Tiere frei wählen können. Vorsicht! Zu große Sonneneinstrahlung und Hitze vertragen Meerschweinchen nicht, sonst können sie einen Hitzschlag bekommen, der für die Tiere tödlich sein kann (→ Seite 92). Die Fensterbank ist also kein geeigneter Platz für den Käfig.

Ruhiger Platz. Stellen Sie den Käfig an einen ruhigen hellen, zugluftfreien Ort. Die übliche Geräuschkulisse stört Meerschweinchen nicht, aber hochfrequente Geräusche versetzen sie in Panik. So manches Meerschweinchen hat sich dabei schon schwer verletzt, weil es »kopflos« davongerannt ist.

Erhöhter Platz. Ob der Käfig auf dem Boden oder einem kleinen Tischchen steht ist Geschmackssache. Aber für das Tischchen spricht, dass man die Tiere in Augenhöhe beobachten kann und die Meerschweinchen nicht womöglich durch andere Haustiere gestört werden. Eine Hundeschnauze im Käfig kann

Ein schönes Haus und ein Freund – zwei Faktoren zum Meerschweinchenglück sind schon erfüllt.

2 **Diese Ein- und Ausstiegsbrücken** können Sie im Zoofachhandel kaufen. Die Brücken sind biegbar, sodass die Meerschweinchen leicht aus dem Käfig heraus oder in ihren Käfig hinein laufen können.

1 **Ein Häuschen** darf in keinem Meerschweinchen-Heim als Zufluchtsort fehlen. Gut geeignet sind Häuschen aus Holz. Daran darf auch genagt werden.

3 **Abwechslung** tut den Meerschweinchen gut. Gegenstände aus Plastik sind allerdings für die Tiere nicht sehr geeignet. Wählen Sie besser Naturmaterialien.

Angst erzeugen. Mein kleines Rudel hat sich an den Schäferhund Teddy gewöhnt und er an sie. Er wurde sogar mit einem freundlichen Glucksen begrüßt. Aber das ist sicherlich die Ausnahme und lag an Teddy, da er überhaupt keinen Jagdinstinkt besaß.

Einen hellen Raum. Meerschweinchen sind keine Nachtschwärmer wie Mäuse und Ratten. Das stellten wir fest, als wir zwei kleine Rudel jeweils eine Woche lang unter verschiedenen Bedingungen mit der Videokamera aufnahmen. Die erste Gruppe lebte in einem lichtdurchfluteten Zimmer in einem geräumigen Käfig. Die zweite auf einem vier Quadratmeter großen Balkon, wo die Tiere je nach Lust und Laune einen warmen Stall aufsuchen konnten. Was machen die Meerschweinchen in der Nacht? Den Großteil der Zeit dösen sie und schlafen. Im Rhythmus von zwei bis drei Stunden laufen sie umher, fressen, trinken und beschnuppern sich. Nichts Besonderes also. Wir sahen die Jungen während der Nacht niemals spielen. Am Tag ist Leben angesagt. Das galt für beide Gruppen. Unsere Vermutung, dass die Balkongruppe, die den Sternenhimmel und die Geräusche wahrnehmen konnten, nachts aktiver ist, bestätigte sich nicht. Daher meine Empfehlung für den Standort. Wählen Sie einen hellen Raum, der durch das Tageslicht beschienen wird und den Sie gut lüften können. Denn unsere Kuscheltiere sind Frischluftfanatiker.

Gemäßigte Temperaturen. Mit der Wärme halten es die kleinen Nager wie wir. Nicht zu kalt und nicht zu warm ist gerade richtig. Ideal sind Temperaturen zwischen 15 und 20 Grad Celsius. Kleine Abweichungen sind nicht schlimm und werden gut vertragen. Zugluft unbedingt vermeiden!

Käfig umstellen. Nun ein Vorschlag, bei dem eingefleischte Meerschweinchenfans im ersten Augenblick den Kopf schütteln werden. Wenn es möglich ist, stellen Sie den Käfig ab und zu im Raum um oder bringen Sie ihn sogar hin und wieder in ein anderes Zimmer. Warum? Monotonie und Langeweile ist auch für unsere Meerschweinchen Gift. Und der Blick vom sicheren Käfig auf eine andere Umgebung bereichert die Welt der Meerschweinchen. Tiere, die aus ihrem Alltagstrott gerissen wurden, waren viel neugieriger und aufmerksamer. Kein Wunder, wenn man bedenkt, wie Tiere in der freien Natur leben. Da gibt es keine »Einheitstapete«, sondern Abwechslung pur. Jeden Tag aufs Neue.

Wohlfühlheim für Meerschweinchen

Je größer, desto besser lautet die Maxime. Aber dieser Forderung sind natürlich Grenzen gesetzt von Seiten des Geldbeutels und in der Regel auch den Räumlichkeiten. Meerschweinchen können sich auch mit weniger zufrieden geben, wenn man trickreich vorgeht.

Mindestkäfiggröße: Für zwei Meerschweinchen: 120 cm Länge, 80 cm Breite und 45 cm Höhe sollten nicht unterschritten werden. Bedenken Sie, der Käfig ist der Mittelpunkt der Meerschweinchenwelt. Er bedeutet mehr als ein Zufluchtsort. Er wird zur Wohlfühl- und Erlebnisheimat.

Für die wilden Meerschweinchen ist die Futtersuche ein anstrengender Job, der dafür sorgt, dass die quirligen Nager körperlich und geistig fit bleiben. Ihre Verwandten im Käfig müssen sich keine Sorgen ums »tägliche Brot« machen. Die Folge: Viele werden faul, fett und träge. Ein Problem, das sich durch die richtige Wahl von Käfig und Ausstattung lösen lässt.

Der richtige Käfig

Die Käfige im Fachhandel bestehen aus Bodenschale und Gittergestell. Diese Konstruktion hat sich bewährt, weil sie leicht zu handhaben und reinigen ist.

Käfiggitter: Am besten eignen sich waagrecht verlaufende Gitterstäbe, die verzinkt oder matt verchromt sind. Daran können sich die Meerschweinchen mit den Vorderbeinen abstützen und die Umwelt erkunden. Vor kunststoffbeschichteten Gitterstäben rate ich ab, weil die Gefahr besteht, dass die Nager sie anknabbern. Achten Sie darauf, dass die Kunststoffschale höchstens 16 cm hoch ist, sonst fühlen sich die Tiere von der Umwelt abgeschottet und dies macht die Meerschweinchen lethargisch. Diesen Unsinn hat man auch lange in zoologischen Gärten gemacht. Um die hässlichen Gitter zu vermeiden, hat man die Tiere in Gräben gesteckt.

TIPP

Ein Häuschen ist Pflicht!

Meerschweinchen sind Fluchttiere. In der Natur setzen sie sich Feinden gegenüber nicht zur Wehr, sondern sie flüchten vor ihnen. Deshalb ist ein Häuschen zum Zurückziehen in Käfig und Gehege besonders wichtig für die Tiere, auch wenn sie als Heimtiere wenig zu befürchten haben (→ Seite 37).

Sehr zum Nachteil der Lebewesen. Ihre Meerschweinchen sollen es besser haben und sehen, was um sie herum vorgeht. Das fördert nicht nur die Neugier, sondern schützt auch vor Überraschungen, vermeidet negativen Stress und Panik. Zudem verhindern niedrige Kunststoffschalen einen Wärmestau und Geruchsbildung.

Zwei Käfige verbinden: Ein Käfig ist gut, aber zwei sind noch viel besser. Einerseits erhöhen Sie so die Grundfläche zum Laufen, andererseits können Sie auf diese Weise mit einem Schlag das leidige Problem der langen Krallen lösen. Statten Sie einen Käfig mit Weichholzspänen als Einstreu aus (→ Seite 38), den anderen mit Steinen durchsetzter Gartenerde. Auf solch einem Boden nützen sich die Krallen gut ab. Verbinden Sie die beiden Käfige beispielsweise mit einer biegsamen Einstiegshilfe als Brücke (→ Foto, Seite 34).

Etagenkäfig: Seit einiger Zeit werden im Zoofachhandel Etagenkäfige für Meerschweinchen angeboten. Sie ermöglichen den Tieren einen größeren Bewegungsspielraum, weil sich die Grundfläche je nach Stockwerken verdoppelt oder gar verdreifacht. So können die Tiere auf Rampen hinauf- und hinunterlaufen und sich auf den verschiedenen Etagen vergnügen. Achten Sie jedoch darauf, dass Käfig samt Einrichtung von guter Qualität sind. Gitter-Rampen oder Rampen aus Kunststoff eignen sich nicht besonders gut für die empfindlichen Füße der kleinen Nager. Im Internet finden Sie in Meer-

WUSSTEN SIE SCHON, DASS …

… Wildmeerschweinchen recht einfach leben?

So komfortabel wie unsere Hausmeerschweinchen mit Schutzhäuschen leben die »wilden Gesellen« nicht. Ihr Zuhause ist eher spartanisch. Die Weibchen besitzen innerhalb ihres Streifgebietes bestimmte Büsche oder Unterschlüpfe, in denen sie ihre Jungen aufziehen und verteidigen. Die Unterschlüpfe sind meist Erdkuhlen, wo sich die Jungen vor Feinden verstecken. Die Unterschlüpfe schützen weder vor Wind noch vor Regen. Im Gegensatz zu den meisten anderen Nagern, die für ihren Nachwuchs kunstvolle Bauten anlegen, geschieht dies bei Meerschweinchen nicht. Das müssen sie aber auch nicht, weil ihre Jungen bei der Geburt fast vollständig entwickelt sind. Von ihrem Unterschlupf aus gehen die Meerschweinchen auf Futtersuche. Der Umkreis beträgt etwa einen bis vier Meter. Diese Strategie hat sich bewährt, denn Meerschweinchen sind in manchen Landstrichen Südamerikas eine Plage.

schweinchen-Foren und Homepages oftmals sehr gute Anregungen für den Eigenbau solcher Käfige oder anderer liebevoll gestaltete Meerschweinchen-Unterkünfte, die den Bedürfnissen der Tiere gerecht werden (→ Adressen, Seite 141).

Ein Aquarium oder Terrarium als Käfig?

Meerschweinchen werden glücklicherweise selten in Aquarien oder Terrarien gehalten, aber gesehen habe ich das auch schon. Darum ein paar Worte dazu. In einem Aquarium oder Terrarium hat das Tier Sichtkontakt mit seiner Umwelt, aber das ist auch schon das einzig Positive.
Im Aquarium bzw. Terrarium steht die Luft. Die Luftzirkulation ist schlecht und das schadet Ihren Nagern. Viele Tiere – so auch Meerschweinchen – geben mit ihrem Urin das giftige Ammoniakgas ab. Sie kennen oder haben den »Duft« bestimmt schon einmal gerochen. Der stechende Geruch in schmutzigen Tierställen und unsauberen Toiletten ist Ammoniak. Zudem lassen sich Aquarien und Terrarien sehr schlecht reinigen, und die Befestigung von Heuraufe und Wasserspender macht Probleme. In ein Aquarium gehören Fische, jedoch keine Meerschweinchen.

Die Ausstattung

Menschen fühlen sich in ihren vier Wänden erst richtig wohl, wenn die Einrichtung ihrem Geschmack entspricht. Zugegeben, der Geschmack ist individuell und kulturabhängig, aber Grundbedürfnisse haben alle Menschen. Meerschweinchen geht es da nicht anders.

Häuschen: Für Meerschweinchen ist ihr Häuschen wichtig. Als Rudeltiere suchen Meerschweinchen den engen Kontakt zu ihren Artgenossen. Daher muss auch das Schutzhäuschen Platz genug für alle bieten. Meiner Truppe habe ich noch ein zweites kleineres Häuschen in ihre Unterkunft gestellt, falls einem der kleinen Kerle nicht nach Gesellschaft sein sollte. Meine Dreierbande wechselte oft die Gesellschaft. An manchen Tagen schliefen sie friedlich zu dritt im Häuschen, an anderen Tagen sonderte sich das Männchen ab und schlief allein im »Einzimmerbungalow«. Auch das Weibchen wählte manchmal das Alleinsein. Warum sie sich so verhielten, interessierte mich brennend. Wochenlange Studien ergaben leider keine Hinweise. Weder Streitigkeiten noch Schwangerschaft lassen auf einen Auszug schließen. Wie dem auch sei ... ich empfehle Holz- statt Plastikhäus-

Neue Häuschen werden gleich einem Gemütlichkeitstest unterzogen.

chen, obwohl Plastik leichter zu reinigen ist. Speziell für die wichtige Zahnpflege ist Holz gut geeignet, auch wenn ein Holzhaus den Nagezähnen naturgemäß nicht lange widerstehen kann. Zernagte Häuschen müssen Sie selbstverständlich ersetzen (→ Tipp, Seite 35).

Hinweis: Abgenagte und verschluckte Plastikteile können Gesundheitsschäden verursachen.

Futternäpfe: Wählen Sie kippsichere Futternäpfe aus Porzellan oder Ton, dann landet das Futter nicht in der Einstreu. In der Regel genügen zwei Futternäpfe – einer für Fertigmischfutter, der andere für Grün- und Saftfutter (→ Ernährung, ab Seite 64).

Nippeltränke: Der Wasserspender besteht aus Glas oder Kunststoff, wird am Käfiggitter eingehängt, nimmt wenig Platz im Käfig weg und das Wasser bleibt sauber. Keine Angst, auch Jungtiere lernen schnell, mit der Nippeltränke umzugehen. Ein kleiner Trick beschleunigt den Lernvorgang: Befeuchten Sie den Nippel, so, dass der »youngster« daran leckt und zufällig den Kugelverschluss des Nippels öffnet. Im Nu weiß er nun, was zu tun ist, um an Wasser zu kommen.

Heuraufe: Die tägliche Heuration gehört in eine Futterraufe und nicht auf den Boden. Praktisch sind für diesen Fall Heuraufen aus Kunststoff, die rundum geschlossen und nur nach oben hin offen sind. Sie werden von außen ins Käfiggitter eingehängt. Die Meerschweinchen können dann von innen die Heuhalme aus der Raufe zupfen. Solch eine Heuraufe nimmt im Käfig keinen Platz weg und das Heu landet nicht auf dem Zimmerboden.

Einstreu: Als Bodeneinstreu für den Käfig verwende ich eine 10 bis 15 cm hohe Schicht handelsübliche Weichholzspäne.

Gestaltung mit Pfiff

Die Käfigeinrichtung lässt sich mit »Köpfchen« und Fantasie ohne weiteres verbessern.

Trennwände: Der große Hit für interessant gestaltete Meerschweinchen-Wohlfühlheime sind verstellbare Trennwände, am besten aus Holz. Durch das Versetzen der Wände kann so ein Käfig

Aus Gras geflochtene Häuschen sorgen für Knabber- und Spielspaß. Und wenn man danach erschöpft ist, kann man darin sogar ein Nickerchen halten, wie praktisch!

leicht umgestaltet werden. Das stachelt Neugier und Bewegungslust der Bewohner an. Darüber hinaus können sich rangniedere Tiere bei Bedarf hinter einer Trennwand auch einmal dem Blickfeld des Rudelchefs entziehen.
Die Farbe Grün: Über manche Vorlieben unserer kleinen Nager kann man nur schmunzeln. Frau Prof. Bilsing stellte mit ihrem Team fest: Meerschweinchen haben eine Schwäche für Grün. Andere Farben tun es zwar auch, aber Grün ist der Favorit bei Meerschweinchen. Helle Laufflächen, wie etwa weiße Bodenfliesen, erzeugten Stress, während sich die kleinen Nager auf dunklem Untergrund sichtlich wohler fühlten. Das macht Sinn, denn in der Natur springen und rennen Meerschweinchen auf grünem Gras oder brauner Erde. Das alte Erbe kommt eben auch bei unseren domestizierten Tieren zum Durchbruch.

Jenseits des Käfigs: Der Freilauf

Man weiß zwar noch nicht sehr viel über das Leben der wilden Vorfahren in der Natur, aber so viel ist sicher: Bewegung ist angesagt, um zu überleben. Täglich Nahrung zu finden und sich vor Fressfeinden zu schützen, erlaubt keinen Phlegmatiker.
Auch unsere kuscheligen Gesellen brauchen Bewegung. Das ist in ihren Genen verankert. Ein noch so großer Käfig kann das Bewegungsbedürfnis nicht erfüllen, daher plädiere ich für einen Freilauf im Zimmer oder noch besser im Garten oder auf dem Balkon (→ ab Seite 42). Zwei Stunden Freilauf pro Tag sind das Mindeste (→ Gefahrenquellen, Seite 103).

CHECKLISTE

Der Wohlfühl-Plan

Möchten Sie, dass es Ihren Meerschweinchen so richtig gut geht? Hier einige wichtige Voraussetzungen.

- ○ Zwei Schlafhäuschen sind besser als eines. Eines von beiden sollte so groß sein, dass alle darin kuscheln können.
- ○ Unterteilen Sie den Käfig mit Trennwänden. Das gibt unterlegenen Tieren die Möglichkeit, sich auch einmal zurückzuziehen (→ Seite 38).
- ○ Nicht die Menge des Spielzeugs macht es, sondern »öfter mal was Neues«.
- ○ Knabberkost zum Abschleifen der Zähne ist ein Muss (→ Seite 75).

Ein Auslauf im Zimmer

Wenn Sie Ihren Meerschweinchen nicht das gesamte Zimmer als Freilauf zur Verfügung stellen und die kleinen Nager in sicheren Grenzen wissen möchten, dann empfehle ich Ihnen einen Auslauf aus Fertigteilen an den Käfig anzuschließen. So können Sie die kleinen Gesellen auch einmal beruhigt – ohne Aufsicht – im Zimmer allein lassen. Im Zoofachhandel gibt es beispielsweise zusammenlegbare Einzäunungen, die leicht aufzubauen sind, aber auch Elemente aus Einzelteilen (→ Foto, Seite 40). Die Größen für solche Ausläufe sind sehr variabel. Aber auch hier gilt:

Ein Gehege um den Käfig aufgebaut sorgt für viel Bewegungsfreiheit.

je größer, desto besser. Um den Meerschweinchen den Ausstieg aus dem Käfig in die »Freiheit« zu erleichtern, legen Sie einen Backstein vor die geöffnete Käfigtür in den Käfig. Über eine biegsame kleine Holzbrücke, die über die Käfigtür gelegt wird, können die Meerschweinchen dann bequem hinaus oder wieder zurück in den Käfig (→ Foto, Seite 34). Die Tiere haben die freie Wahl, auf Entdeckungstour zu gehen oder zu »Hause« zu bleiben. Ist ein Mitglied der Bande tatendurstig, dann folgen die anderen meist sehr schnell. Neugier steckt eben an.

Zimmerboden schonen: Nun stellt sich aber ein kleines Problem. Auf welchem Untergrund soll das Meerschweinchen laufen, ohne dass der Fußboden verschmutzt wird? Fliesen mögen Meerschweinchen nicht. Sie sind glatt und kalt. Das kann sogar ihrer Gesundheit schaden. Andererseits soll der Zimmerboden vor Urin und Kot geschützt werden. Meerschweinchen beizubringen, dass sie eine Art »Katzentoilette« aufsuchen ist schwer. Ich muss gestehen, ich habe es nie geschafft, meine Meerschweinchen zur Stubenreinheit zu erziehen. Ich glaube, es ist nicht möglich, weil die Verdauung bei einem reinen Pflanzenfresser ganz anders funktioniert wie bei einem reinen Fleisch- und Allesfresser. Ich habe noch nie eine stubenreine Kuh oder geschweige denn ein solches Pferd gesehen, dagegen aber Löwen und Tiger. Nun mein Vorschlag: Legen Sie eine dicke Kunststofffolie auf den Boden (beispielsweise Teichfolie), darüber eine Lage Zeitungen, die den durchsickernden Urin aufsaugt und als dritte Schicht eine nagefreundliche Reis-, Schilf- oder Maisstrohmatte (kostengünstig in Baumärkten erhältlich). Auch strapazierfähige Teppichbodenreste (ohne Schlingen) erfüllen den Zweck, wenn auch nicht ganz so gut.

Einrichtung des Auslaufs: Als Mobiliar fürs Auslauf-Domizil eignen sich Papprollen, Schuhkartons mit Löchern zum Hinein- und Hinauslaufen, Röhren aus Kork, Sisal oder Holz, Bretter und Äste zum Knabbern und kleine Hürden zum Darüberspringen. Damit lässt sich die Einrichtung leicht verändern, was die kleinen Bewohner immer wieder vor neue spannende Aufgaben stellt. Weitere Anregungen zum Thema »Beschäftigung» finden Sie im sechsten Kapitel, ab Seite 96.

Hinweis: Keinesfalls sollten Sie Käfig und anschließenden Auslauf mit Gegenständen überfrachten. Die Tiere müssen die Möglichkeit haben, kleine Strecken zurückzulegen ohne gleich über irgendetwas zu »stolpern«.

Die Grundausstattung auf einen Blick

Einrichtung

Auch das Mobiliar entscheidet, wie wohl sich Ihre Meerschweinchen fühlen. Achten Sie beim Kauf auf eine tiergerechte Einrichtung. Nicht Ihnen muss es gefallen, sondern den Tieren.

Futterkrippe

Solch eine Futterkrippe sorgt dafür, dass das Grünfutter nicht durch die Einstreu verschmutzt wird. Eine mobile Futterkrippe hat den Vorteil dass man sie sowohl im Käfig als auch im Freigehege aufstellen kann.

Häuschen

Gut geeigent sind Häuschen mit Flachdach. Hier können Ihre Meerschweinchen hinaufklettern und von dort die Aussicht genießen oder dem Artgenossen ausweichen. Die meisten Häuschen haben keinen Boden. Das schadet nicht.

Nippeltränke

Nach einigen Anläufen lernen Meerschweinchen schnell, aus der Nippeltränke zu trinken. Solch eine Tränke hat den Vorteil gegenüber einem Napf, dass das Wasser sauber bleibt und die Einstreu nicht feucht wird.

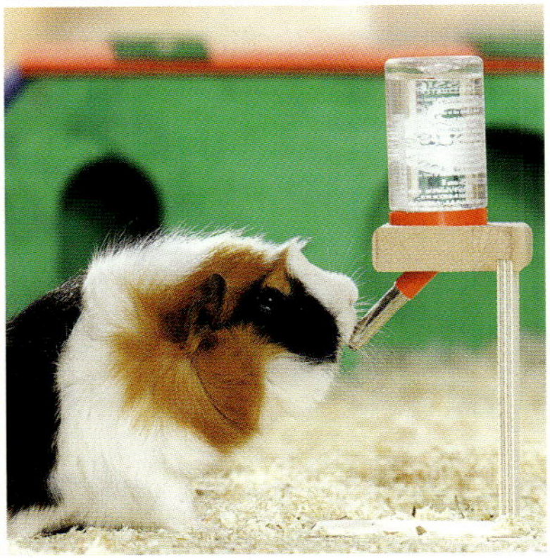

Futternapf

Näpfe aus Steingut können nicht so leicht umgeworfen werden und sind leicht zu reinigen. Sie eignen sich besonders für Fertigfuttermischungen. Die Tiere fressen gern gemeinsam aus dem Napf.

Freigehege und Balkon

Der Aufenthalt im Freien ist für Meerschweinchen das Gleiche wie für uns der Urlaub in den Bergen oder am Meer. Frische Luft, ein anderes Klima, Bewegung und viele Anregungen für die Sinne. Also ab nach draußen, zum Urlaub in der Natur ...

HABEN SIE VIELLEICHT einen Garten oder einen Balkon? Dann zögern Sie nicht, Ihren Kuscheltieren eine Frischluftoase anzubieten. Die Auseinandersetzung mit einer reizvollen Umwelt macht die Tiere selbstsicherer und angstfreier. Die Meerschweinchen sind dadurch eher in der Lage, eine tiefere Beziehung zu Ihnen aufzubauen. Sie werden erleben, wie Ihre Meerschweinchen sich auf Sie freuen, wenn Sie in den Garten oder auf den Balkon kommen und mit Ihnen Kontakt aufnehmen möchten.

Frische Luft tut gut!

Der Garten ist natürlich ideal, weil sie dort der frischen Luft und den Witterungsbedingungen ausgesetzt sind. Das stärkt die Immunabwehr, schützt vor Krankheiten und beugt Gewichtsproblemen vor. Auch Meerschweinchen benötigen ihren Fitness-Parcours, um ihre Muskeln zu stählen und sich dabei wohl zu fühlen. Der Freilauf stärkt aber nicht nur den Körper, sondern auch die Psyche der Tiere. Hier im Freien sind sie immer wieder neuen Reizen und Sinneseindrücken ausgesetzt. Das beflügelt ihre Neugier und verhindert Langeweile. Tiere, die so leben dürfen, sind auch geistig fit und rege. Keine Angst, die Nager kommen problemlos mit Sonne, Regen und leichtem Wind zurecht, nur große Hitze vertragen sie nicht. Kein Zweifel, Neues im Freigehege, im Garten oder im Zimmer zu erleben, mögen unsere Meerschweinchen. Dennoch ist Vorsicht geboten, denn unsere Sensibelchen sind stressanfällig. Der Mix zwischen Gewohntem und Neuem macht es. Die Meerschweinchen brauchen vertraute Bezugspunkte, wie zum Beispiel ihr Häuschen oder eine Trennwand mit ihrem »Parfum«.

Klimawechsel

Meerschweinchen sind zwar anpassungsfähig und können an verschiedene Temperaturen gewöhnt werden, aber dies bedarf eines gewissen Trainings. Ein Tier, das vor allem in der Wohnung lebt, muss allmählich an die frische Luft, an den kälteren Boden, Wind und Schauer gewöhnt werden, sonst ist die Erkältungsgefahr zu groß. Die Freiluftsaison beginnt mit den ersten warmen Tagen im Frühjahr und endet im Herbst, wenn es feucht und kalt wird. Setzen Sie die Tiere erst dann das erste Mal ins Freie, wenn das Wetter schön ist und die Temperaturen um die 12 Grad liegen. Zu Beginn der Saison lasse ich die Tiere nur für zwei bis drei Stunden ins mobile Freigehege (→ Seite 43) und beobachte sie dabei sehr aufmerksam.

Abenteuer im Garten. Plötzlich steht man vor so einem fremden Tierchen wie dieser Schnecke.

Das Mobiliar im Freigehege ist zunächst sparspam: das vertraute Häuschen des Käfigs und eine große geräumige wetterfeste Schutzhütte, in die alle bei Gefahr flüchten können und vor Regen, Hitze und Wind Schutz finden (→ Schutzhütte, Seite 44). Sobald die Meerschweinchen sich häufig in der Schtzhütte aufhalten, nehme ich das Käfighäuschen weg. Haben die Meerschweinchen das neue Zuhause angenommen, verlängere ich den Außenaufenthalt von Anfangs zwei bis drei Stunden auf fünf bis sechs Stunden pro Tag. Nun bin ich sicher, dass die Tiere Wetterkapriolen gut überstehen und wissen, dass ihr Haus Schutz bietet. Am Abend hole ich meine Meerschweinchen in die Wohnung. Erstens zur Sicherheit und zweitens, um mit den Tieren zusammen zu sein, sie zu kraulen und Kontakt mit ihnen zu haben.

Das mobile Freigehege

Der Vorteil von versetzbaren Freigehegen liegt auf der Hand. Das Gehege kann an verschiedenen Stellen aufgebaut werden. So erleben die Tiere immer wieder einen frischen Boden, der nicht vom eigenen Urin durchtränkt ist und eine neue Aussicht. Im Fachhandel gibt es zusammenklappbare Freigehege oder solche aus Fertigelementen, die sich für eine stundenweise Unterbringung eignen. Diese Gehege empfehle ich nur, wenn der Garten vor Hunden und Katzen sicher ist und ich vom Haus aus einen Blick auf die Meerschweinchen werfen kann. Die Netzabdeckung schützt vor Greifvögeln, hält aber den Kräften von Hunden und Katzen nicht stand. Im Zoofachhandel werden aber auch stabile, aus festem Gitter bestehende Freigehege, angeboten. Gitterwände, Gitterdach und ein Unterschlupf (Haus) bilden eine Einheit. In diesen Gehegen sind die Meerschweinchen sicher. Der einzige Nachteil ist, dass diese Freigehege meist nicht besonders groß sind. Das Größte, das ich gesehen habe, war 2 m lang und 50 cm breit. Hier finden zwei Tiere Platz, wenn sie weiterhin regelmäßig Freilauf bekommen. Für kleine Gärten und für Menschen, die kein Gehege selbst bauen möchten, ist dies eine gute Lösung.

Das Freigehege für Ihre Tiere muss **so groß wie möglich** sein, um eine Bereicherung darzustellen.

Eigenbau eines Geheges

Ein selbst gebautes Freigehege können Sie nach Ihren Möglichkeiten gestalten.

Von Frühjahr bis Herbst lebt es sich herrlich im Freigehege.

Größe: Einen genauen Richtwert kann ich natürlich nicht angeben, da es auf die Größe Ihres Gartens ankommt. Grundsätzlich gilt: je größer das Gehege ist, desto besser. Meine kleine Meerschweinchengruppe hat ein Freigehege von 2 x 1,5 m.

Der Bau beginnt: Für den Gehegebau brauchen Sie Dachlatten und Maschendraht. Die Maschen des Drahtes dürfen nicht zu groß sein, damit sich Ihre Meerschweinchen, aber auch keine Marder, Ratten oder andere kleine Räuber hindurchzwängen können. Die Höhe der einzelnen Rahmenteile sollte zwischen 30 und 40 cm liegen. Der Maschendraht wird auf einen Holzrahmen gespannt. Die einzelnen Holzrahmen werden mit Flügelschrauben verschraubt, so dass Sie das Gehege leicht ab- und aufbauen können. Als Abdeckung empfehle ich ebenfalls einen stabilen Holzrahmen mit etwas stärkerem engmaschigem Maschendraht. Auf der einen Seite der Abdeckung bringen Sie zwei Scharniere an und auf der anderen ein oder zwei Schlösser, so dass Sie die Abdeckung bequem wie einen Truhendeckel öffnen können.

Die Schutzhütte: Ein Schreiner hat mir eine kleine Villa als Schutzhäuschen für meine Meerschweinchen gebastelt, aber mit etwas Geschick können Sie das auch selbst tun. Für zwei bis drei Tiere ist eine Grundfläche von 40 X 40 cm und eine Höhe von 30 cm ausreichend. Der Boden des Hauses ist aus massivem schwerem Holz. Damit die Meerschweinchen-Villa nicht unmittelbar auf dem Boden steht, sind an den vier Ecken der Bodenunterseite 3 cm hohe »Füße« genagelt. Die leichte Erhöhung hat den Vorteil, dass sie das Haus vor Verwitterung und die Tiere vor Bodenkälte

DAS DARF IN KEINEM FREIGEHEGE FEHLEN

WICHTIGES FÜR DRAUSSEN

Schutzhaus:	Aus massivem Holz mit Platz für alle Tiere und mit handelsüblicher Einstreu versehen.	Schützt vor zu viel Sonne, Regen, Wind und Kälte.
Futterplatz:	Am besten erhöht, damit das Futter nicht verschmutzt wird.	Trocken- und Saftfutter auf einer Steinplatte anbieten.
Beschäftigung:	Zum Hindurchkriechen und Klettern ein durchlöcherter Baumstamm oder Korkröhren.	Überfrachten Sie das Gehege nicht zu sehr. Es muss auch Platz zum Laufen bleiben.
Sicherung:	Eine massive Abdeckung aus Holzrahmen und Maschendraht.	Im festen Freigehege zusätzlich den Boden sichern (→ Seite 47).

schützt. An die vier Ecken der Oberseite der Bodenplatte schrauben Sie 5 cm hohe Holzklötze, die als Verankerung für das Haus dienen, das vom Bodenbrett abnehmbar ist. Das Haus wird über die Holzklötzchen gestülpt. Die Wände und das Dach des Hauses sind aus 2 bis 3 cm dickem massivem Holz. Das Dach ist leicht abgeschrägt, damit das Wasser gut ablaufen kann. Einschlupfloch: ca. 10 cm breit und 12 cm hoch. Die Konstruktion ist relativ schwer gewählt, um Wärmeverlust zu vermeiden und um Schutz vor vermeintlichen Feinden (Katzen) zu bieten. Um aus dem Haus eine Festung zu machen, können Sie noch schwere Steine auf das Dach legen. Außenwände und Dach sind mit ungiftiger, wasserabweisender Farbe gestrichen. Vor den Eingang lege ich ein 1cm dickes Brett, um den Tieren den Einstieg zu erleichtern. Auf den Boden des Hauses streue ich eine dicke Lage handelsüblicher Einstreu. Die Reinigung erfolgt je nach Verschmutzungsgrad und ist durch die abnehmbare Konstruktion einfach.

Die Einrichtung des Geheges: Sie entspricht im Wesentlichen derjenigen des Auslaufs in der Wohnung (→ Seite 40). Der Futterplatz muss abgedeckt sein, damit das Futter nicht nass wird. Das erreichen Sie beispielsweise mit einem Brett, das Sie über den Futterplatz auf die Abdeckung legen. Um eine Verschmutzung des Futters zu vermeiden,

Im Freigehege

1 **Dieses Spielzeug aus Holz** eignet sich nicht nur für »Turnübungen«, sondern darf auch unbesorgt angenagt werden. Das tut Körper und Zähnen gut.

2 **Dieses mobile Freigehege** aus einzelnen Gitterelementen eignet sich nur dann, wenn Sie die Tiere im Auge behalten können.

3 **Eine Frischluftoase** auf dem Balkon. Achten Sie beim Aufstellen des Geheges darauf, dass keine Absturzgefahr besteht.

stelle ich den Futternapf auf eine flache Steinplatte. Das Grünfutter serviere ich ebenfalls auf einer Steinplatte. Die Nippeltränke hänge ich an den Maschendraht. Mit Ästen und durchhöhlten Baumstämmen zum Hindurchkriechen und Klettern habe ich gute Erfahrungen gemacht. Überfrachten Sie das Freigehege nicht mit Spielsachen. Es ist der Ort, wo die Tiere mit der Natur Kontakt aufnehmen sollen. Die Natur bietet genug Abwechslung.

Standort: Am besten ist ein halb sonniger, halb schattiger Platz. Ist dies nicht möglich, schaffen Sie künstlichen Schatten, indem Sie ein leichtes Brett auf einen Teil der Abdeckung legen oder die Abdeckung mit einer Plane (Segeltuch) bespannen. Schatten ist wichtig, denn die kleinen Nager bekommen leicht einen Hitzschlag (→ Seite 92). Unter der Plane oder dem Brett können sich die Tiere auch bei Regen tummeln. Ist der Platz zugig und windig, empfehle ich Ihnen auf die Längs- und Breitseite des Holzrahmens eine Kunststofffolie zu nageln oder besser zu schrauben. Zugluft ist Gift für die Meerschweinchen. Eine Selbstverständlichkeit- die man jedoch leicht übersieht – ist, den Standort nach giftigen Pflanzen zu überprüfen (→ Seite 75).

Hinweis: Achten Sie beim Aufstellen des Freigeheges darauf, dass der Boden eben ist, sodass der Rahmen direkt mit dem Boden abschließt und keine Schlupflöcher vorhanden sind. Zur Sicherheit können Sie noch die Holzrahmen mit Zeltheringen im Boden verankern.

Das feste Freigehege

Meerschweinchen das ganze Jahr über im Freien zu halten ist nicht ganz einfach und erfordert einen hohen Arbeitsaufwand. Als Erstes muss das Problem der Temperatur gelöst werden. Meerschweinchen bevorzugen warme Temperaturen (→ Seite 34). Es wird berichtet, dass sie sich an Minustemperaturen bis zu 10 Grad anpassen können. Das

bestreite ich nicht, aber wie sich die kleinen Nager dabei fühlen, wissen wir nicht. Wer die feste Absicht hat, die Tiere dennoch im Freien zu halten, muss dafür sorgen, dass sie einen winterfesten Stall besitzen. Durch eine Katzenklappe können die Tiere je nach Belieben ins Freie. Dieser Stall muss häufig gereinigt werden, denn feuchte Einstreu und Stroh wärmen nicht.
Ideal wäre es, wenn ein Teil des Freigeheges und der Stall im Schutze einer Überdachung des Hauses steht, wo weder Schnee noch Regen hinkommen. Ein solcher Standort erlaubt es, eine Wärmelampe aufzuhängen, die für angenehmere Temperaturen sorgt. Wärmelampen, die speziell für Stallungen entwickelt wurden, gibt es im Elektrofachhandel. Der Bau des festen Freigeheges entspricht dem des mobilen, nur in stabilerer Ausführung. Es muss verhindert werden, dass weder Marder, Füchse noch Katzen in der Nacht einbrechen. Ein Problem ist der Boden. Sie glauben nicht, wie schnell andere Tiere durch das Futter angezogen werden. Legen Sie deshalb den Gehegeboden mit Steinplatten oder engmaschigem Draht aus, und geben Sie eine dicke Lage Naturerde darüber.
Hinweis: Die Haltung im Freien setzt voraus, dass Ihre Meerschweinchen im Rudel leben, damit sich die Tiere gegenseitig wärmen können. Rassetiere mit langen Haaren sind für diese Art der Haltung nicht geeignet.

TIPP

Keine fremden Meerschweinchen!

Setzen Sie niemals fremde Meerschweinchen, etwa vom Nachbarn, mit ins Gehege Ihrer Tiere. Das bedeutet für Ihre »Meeries« ein Aufmischen der bestehenden Rangordnung. Es kann zu Streitereien und Kämpfen kommen. Selbst wenn alles friedlich aussieht, im Inneren tobt der »Kampf«. Die Stresshormone steigen an.

MEIN HEIMTIER

Was mögen Ihre Meerschweinchen lieber?

Probieren Sie aus, in welchem Freilauf sich Ihre Meerschweinchen wohler fühlen, aktiver und neugierig sind. Gibt es Unterschiede zwischen den einzelnen Tieren? Gibt der »Boss« den Ton an, wenn es ums Erkunden geht?

Der Test beginnt:

Bauen Sie den Freilauf, ohne Mobiliar, nur mit Unterlage und Umzäunung, auf. Setzen Sie die Tiere an zwei aufeinander folgenden Tagen für zwei Stunden hinein. Schreiben Sie auf, was die Tiere machen. Wie lange sie z. B. umherlaufen oder schlafen. Geben sie Töne von sich? Wo halten sie sich auf usw.? Am dritten Tag richten Sie das Freigehege mit Spielzeug, Trennwänden und Gängen ein. Hat sich etwas verändert?

Mein Testergebnis:

Leben auf dem Balkon

Auf dem Balkon lässt sich leicht das Innengehege aufbauen (→ Seite 40). Treffen Sie dabei folgende Vorsichtsmaßnahmen: Beseitigen Sie alle Durchschlupfmöglichkeiten, bei denen das Meerschweinchen Gefahr läuft, abzustürzen oder sich zu verletzen. Verschließen Sie solche Gefahrenpunkte mit Maschendraht oder Backsteinen, die die Tiere nicht verschieben können. Sorgen Sie für Regen- und Sonnenschutz. Damit die Kerlchen samt Futter und Häuschen nicht nass werden, spannen Sie bei Regen eine durchsichtige Plane darüber. Aber nur über Häuschen und Futterplatz. Als Schutz vor Greifvögeln dient ein Netz über dem Gehege. Ein Steinboden ist nicht gut für die Tiere. Als Bodenbelag dienen Schilf- oder Maisstrohmatten. Die Einrichtung entspricht der des Auslaufs in der Wohnung und des Freigeheges (→ Seite 40 und 45).

Leben im Hasenstall?

Solch ein Stall ist nicht nur viel zu klein, sondern im Winter auch viel zu kalt. Ich habe Meerschweinchen zwischen verschiedenen Umgebungstemperaturen wählen lassen. Keines entschied sich für Temperaturen unter 10 Grad.

◀ *Fitness an der frischen Luft: Das Meerschweinchen muss sich ganz schön anstrengen, doch das hält gesund.*

Willkommen zu Hause

Sie haben sich für mindestens zwei Meerschweinchen entschieden? Dann kommt es jetzt darauf an, dass die Tiere von Anfang an Vertrauen zu Ihnen aufbauen.

Kauf und Auswahl der Meerschweinchen

Sieht man die niedlichen Jungtiere im Verkaufskäfig sitzen, ist man schnell versucht, sich zwei der süßen Kerlchen »einpacken« zu lassen. Doch Vorsicht, solche Spontankäufe können herbe Enttäuschungen in sich bergen. Bereiten Sie den Kauf besser gründlich vor.

MEERSCHWEINCHEN SIND RUDELTIERE und gehen sowohl zum Artgenossen als auch zum Menschen eine Bindung ein. Unter einem häufigen Wechsel des menschlichen Partners leiden sie. Erschwerend kommt hinzu, dass man den Kerlchen ihre Trauer nicht so leicht ansieht wie etwa Hunden oder Katzen. Daher meine Bitte: Überlegen Sie sich gut, ob Sie Meerschweinchen pflegen möchten.

Zweifelsohne machen die kleinen Nager Arbeit, aber sie geben Ihnen und Ihren Kindern viel zurück. Leider geschieht es immer noch zu oft, dass sich Menschen Meerschweinchen anschaffen und nach einigen Wochen die Lust an diesen Geschöpfen verlieren. Die Odyssee, die dann in aller Regel folgt, ist schlimm für die Tiere. Ein Heimtier kann man nun einmal nicht einfach umtauschen wie eine Waschmaschine.

Hier gibt's »Meeries«

Es gibt vier Möglichkeiten, das Meerschweinchen Ihrer Wahl zu finden:

- beim Züchter,
- in der Zoohandlung,
- bei Freunden,
- im Tierheim.

Beim Züchter

Meerschweinchenzüchter gibt es gute und viele. Die Adressen finden Sie im Internet. Aber das persönliche Kennenlernen des Züchters ist Pflicht. Überzeugen Sie sich, ob er die Tiere nur des Geldes wegen oder aus Tierliebe hält. Wie können Sie den Unterschied feststellen? Das ist zugegeben nicht ganz einfach. Aber meine lange Erfahrung mit den unterschiedlichsten Züchtern hat mir Überraschendes gezeigt. Die Sprache verrät mehr, als man auf den ersten Anschein glauben möchte. Spricht er geringschätzig von seinen Tieren und bezeichnet sie als Sachen,

Im neuen Zuhause angekommen, muss vorsichtig erst einmal alles unter die Lupe genommen werden.

dann lassen Sie die Finger davon. Sie werden feststellen, er hat wenig Wissen, was seine Schützlinge betrifft. Die Haltung ist meist auch nicht optimal.
Ein guter Züchter weiß genau, wann die Kleinen geboren wurden und kann Spannendes über Eltern und deren Nachwuchs erzählen. Das demonstriert sein Interesse an der Persönlichkeit des Meerschweinchens. Sein Verantwortungsgefühl spiegelt sich auch an Fragen wider, die er an Sie richtet. Er möchte seine Tiere nur an verantwortungsvolle Menschen abgeben. Ein guter Züchter lehnt es natürlich auch ab, seine Meerschweinchen per Versand zu verschicken.

CHECKLISTE

Erster Gesundheitscheck

- ○ Die Nagezähne sollten gleich lang und gut gewachsen sein.
- ○ Die Backenzähne haben keine sichtbaren Fehlstellungen.
- ○ Die Fußstellung ist korrekt, die Krallen sind gerade.
- ○ Das Fell ist glänzend, fest und frei von kahlen Stellen.
- ○ Die Augen sind klar und nicht verklebt.
- ○ Die Ohren sind sauber, die Nase ist rosig und frei von Ausfluss.
- ○ Der After ist sauber und nicht verklebt.

In der Zoofachhandlung

Entscheiden Sie sich nicht beim ersten Besuch in der Zoofachhandlung zum Kauf. Warum? Meerschweinchen haben einen Tagesrhythmus. Zu bestimmten Zeiten sind sie aktiv oder dösen. Darin unterscheiden sie sich kaum vom Menschen und anderen Tieren. Wenn Sie erleben wollen, wie neugierig und gesellig die kleinen Nager sind, müssen Sie den richtigen Zeitpunkt erwischen. Fragen Sie den Zoofachhändler nach der Herkunft der Tiere. Wenn sie auf einer langen Reise mit vielen fremden Artgenossen in oft winzigen Transportkäfigen eingesperrt waren, stehen sie nicht selten unter Schock. Dieses Trauma verliert sich nur langsam und lässt die Meerschweinchen noch lange Zeit danach scheu bleiben.
Inspizieren Sie die Haltungsbedingungen in der Zoofachhandlung. Die Käfige müssen groß und sauber sein; eine dicke Schicht Kleintierstreu ist die richtige Einstreu. Dass Wasser und eine Heuraufe zur Verfügung stehen, versteht sich von selbst. Wichtig sind auch Zweige, Äste oder harte Gegenstände zum Benagen. Im Käfig sollten immer mehrere Tiere leben – akzeptabel ist hier auch die Gesellschaft mit Zwergkaninchen (→ Seite 21). Je nach Anzahl der Meerschweinchen sollten mehrere Schutzhäuschen vorhanden sein. Besonders junge Meerschweinchen reagieren häufig sehr schreckhaft und fliehen bei Störungen sofort in den Unterschlupf. Dieses Fluchtverhalten ist ihnen angeboren.

Aus Privathand

Stellt sich bei Freunden oder Bekannten Nachwuchs bei den kuscheligen Gesellen ein, ist dies eine willkommene Gelegenheit, seinen Meerschweinchentraum zu realisieren. Aus meiner Sicht ist dies ideal. Sie kennen den Halter und die Einstellung zu seinen Meerschweinchen. Leicht können Sie die Haltungsbedingungen überprüfen. Sie können die Tiere in aller Ruhe beobachten, bevor Sie Ihre Wahl treffen. Auch die Meerschweinchen haben etwas davon. Sie wechseln nur einmal den Besitzer. Unnötiger Stress wird dadurch vermieden.

Aus dem Tierheim

Jedes Tierheim ist natürlich froh, für seine Schützlinge einen guten Platz zu finden. Das ist verständlich, aber bei Meerschweinchen nicht so einfach. Denn Meerschweinchen sind hoch soziale, aber auch sensible Tiere. Die Entwicklung ihrer Persönlichkeit hängt stark von den Kindheitserfahrungen und den Artgenossen ab. Bei Tierfindlingen, die im Tierheim abgegeben wurden, kennt man meist ihre Biografie nicht. Das birgt ein gewisses Risiko, was man nur durch genaues Beobachten mindern kann. Sind die Meerschweinchen zahm und reagieren auf kleine Leckerbissen, können Sie zugreifen ohne allzu viel Angst haben zu müssen, ein verhaltensgestörtes Meerschweinchen zu bekommen. Optimal ist, wenn das Tierheim eine intakte Gruppe von zwei bis drei Tieren abgibt.

Welches Meerschweinchen soll es werden?

Bei fast allen Heimtieren legt der Mensch Hand an. Er züchtete sie nach seinem Geschmack. Nicht immer zum Vorteil der Mitgeschöpfe, denn ein vermeintlich schönes Aussehen hat seinen Preis. Mit der Veränderung der »Hülle« werden auch andere Erbmerkmale verändert. Meist sind überzüchtete Tiere nicht so robust und haben eine geringere Lebenserwartung. Bei Meerschweinchen hält sich die Zucht in Grenzen. Nur 10 Prozent unserer Meerschweinchen sind Rasse-Meerschweinchen. 90 Prozent sind Hausmeerschweinchen, die sich schon seit Jahrhunderten an das Leben mit dem Menschen angepasst haben. Ob Sie sich für ein Rasse-Meerschweinchen oder ein gewöhnliches Hausmeerschweinchen entscheiden ist Geschmackssache. Ich bevorzuge das »normale« Hausmeerschweinchen mit nicht übertrieben langen Haaren. Glatthaar oder Normalhaar sind die ursprünglichste und pflegeleichteste Behaarungsart. Allzu lange Haare schaffen Probleme bei der Hygiene, aber was noch schlimmer ist, sie hindern das Meerschweinchen in seiner Bewegung. Für mich zählt beim Kauf vor allem

Achten Sie beim Kauf darauf, dass die Tiere munter und aufmerksam sind.

Der richtige Umgang

Unsere 7-jährige Tochter Maja bekommt zu ihrem Geburtstag endlich die sehnlichst gewünschten beiden Meerschweinchen. Was können wir tun, damit Maja von Anfang an die Eigenarten der Tiere respektiert, sorgsam mit ihnen umgeht und so selbst vielleicht vor einer eventuellen Enttäuschung bewahrt bleibt?

ES SPRICHT FÜR SIE, dass Sie sich bereits im Vorfeld Gedanken machen, wie es sowohl den Tieren gut geht, als auch Ihre Tochter keine Enttäuschung mit ihren »Traumtieren« erleben muss. Am Anfang steht immer die ausführliche Information über das Wesen, die Ansprüche und den richtigen Umgang mit diesen Tieren. Das setzt natürlich voraus, dass Sie selbst sehr gut Bescheid wissen. »Verpacken« Sie Ihre Informationen interessant für Ihre Tochter. Picken Sie sich beispielsweise ein oder zwei Besonderheiten aus dem Leben der Meerschweinchen heraus, wie etwa – dass Meerschweinchen sehr gut hören können (→ Seite 14). Verdeutlichen Sie Ihrem Kind z. B., wie stressig die Tiere großen Lärm empfinden, indem Sie die Stereoanlage einmal kurz auf volle Lautstärke stellen.

Behutsam vorgehen

Wenn die Tiere im Haus sind, gehen Sie folgendermaßen vor: Setzen Sie sich in einem Abstand von etwa 50 cm vor den Käfig und beobachten Sie mit Ihrer Tochter das Treiben der kuscheligen Vierbeiner. Jeder dieser forschen Gesellen zeigt in diesem Augenblick seine Eigenheiten und seine Individualität. Eine gute Gelegenheit, den Tieren einen Namen zu geben. So ist keines mehr ein »Nobody«, sondern eine Persönlichkeit. Kinder haben den Wunsch, ihre pelzigen Freunde sofort zu streicheln und zu herzen. Das sollen sie auch, aber gewusst wann und wie.

Eingewöhnungsphase berücksichtigen

Bevor Ihre Tochter z. B. ein Meerschweinchen mit der Hand packt und es aus dem Käfig holt, sollte das Tier schon Vertrauen gefasst haben (→ Seite 59). Es muss bereits von sich aus ans Käfiggitter kommen, wenn man es leise mit seinem Namen ruft und mit einem Futterhappen lockt. Das ist für die Vertrauensbildung des Tieres unerlässlich. Das unerwartete Herausholen aus dem Käfig mit den Händen löst sonst angeborene Panik aus. Raubvögel, die größten natürlichen Feinde, packen das Tier ebenso. Diesen Schrecken kann man den Meerschweinchen ersparen, indem man mit dem Tier spricht, sanft mit der einen Hand seinen Hals umfasst und die andere unterstützend unter die Hinterbeine schiebt (→ Seite 81).
Erst wenn Ihr Kind diesen »Kunstgriff« gut beherrscht, kann es ein Meerschweinchen aus Käfig oder Gehege holen. Führen Sie Ihr Kind Schritt für Schritt in die Meerschweinchen-Welt ein.

Verhalten und Gesundheit. Ein kleiner Verhaltenstest verrät viel über die Tiere. Bitten Sie den Tierpfleger des Zoogeschäftes in den Käfig zu greifen, so als ob er ein Tier fangen möchte. Flüchten die kleinen Kerle in eine Ecke oder in das Schutzhaus, ist das gut und normal. Schließlich sind Meerschweinchen Fluchttiere. Nach wenigen Minuten sollte ihre Neugier über den Schrecken siegen. Sie gehen auf Erkundungstour, um zu schauen, was los ist. Bleibt eines der Tiere apathisch in einer Ecke sitzen, kann es Gesundheits- oder Verhaltensprobleme haben. Ob Ihr zukünftiges Meerschweinchen gesund und fit ist, lässt sich in der Zoohandlung schwer entscheiden (→ Checkliste: Erster Gesundheitscheck, Seite 52).

Alter beim Kauf

Sind Sie Anfänger, empfehle ich Ihnen sechs bis acht Wochen alte Jungtiere. Sie lassen sich leicht zähmen. Versuchen Sie, zwei oder drei Geschwister gleichzeitig zu kaufen. Der Aufwand scheint groß, hat aber große Vorteile. Die Tiere kennen sich untereinander und gehen friedlich miteinander um. Einen Wechsel der Umgebung vertragen sie leichter. Das Gefühl des Verlassenseins und Alleinseins entsteht so kaum. Dies hat Konsequenzen: Die Meerschweinchen sind neugieriger und suchen schneller Kontakt zu Ihnen. Älteren Tieren eine Heimat zu bieten, ist toll. Aber ohne ein gewisses »Know how« sollte man die Finger davon lassen.

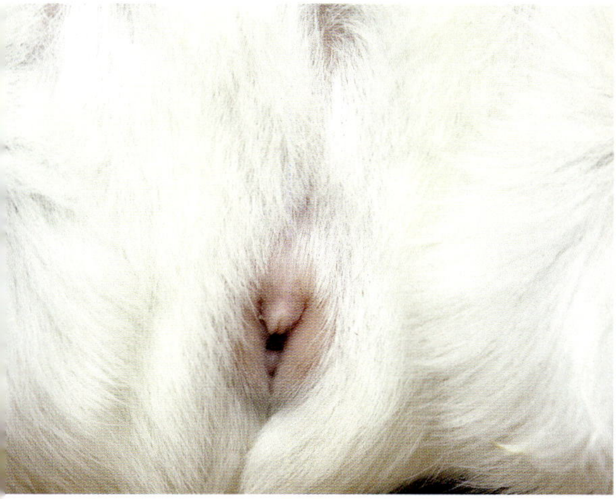

▲

1 **Bei jungen weiblichen** Meerschweinchen gleicht die Geschlechtsregion einem Y. Der Abstand zwischen Anal- und Geschlechtsöffnung ist beim Weibchen kleiner als beim Männchen.

2 **Zur Geschlechtsbestimmung** drücken Sie dem Meerschweinchen in der Analregion vorsichtig auf den Bauch. Beim Männchen tritt dann deutlich der Penis hervor. Auch Anfänger können die Geschlechter leicht bestimmen.

▼

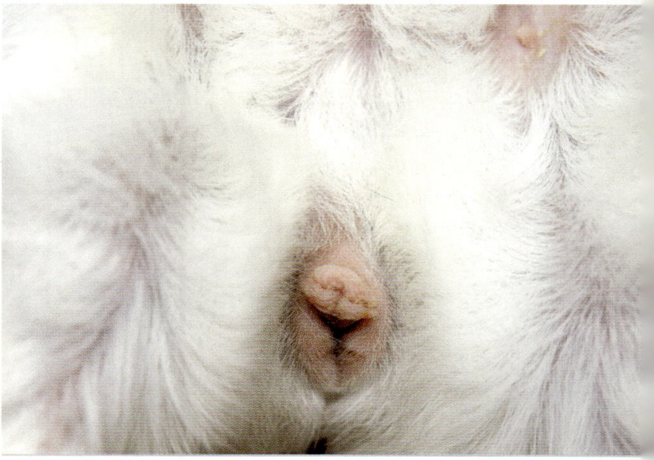

Sanfte Eingewöhnung

Der Wechsel in eine neue Umgebung bedeutet für alle Meerschweinchen Stress. Deshalb ist es wichtig, dass Sie den Tieren die Umstellung so leicht wie möglich machen. Nur dann bauen die Kleinen Vertrauen auf und werden schnell zahm.

WENN MEERSCHWEINCHEN aus ihrer gewohnten Umgebung gerissen werden, bedeutet dies für sie zunächst Stress pur. Deshalb sollte der Transport ins neue Zuhause so schonend wie möglich ablaufen.

Der Transport nach Hause

Fahren Sie direkt nach dem Kauf des Meerschweinchens nach Hause. Der Transport sollte nicht zu lange dauern, weil sich die Tiere ängstigen. Das ist leider nicht zu vermeiden. Sollte ein längerer Autotransport nötig sein, dann bitte die Meerschweinchen in einer Kunststoff-Transportbox unterbringen. Viele Zoohandlungen bieten Pappschachteln als Transportbehälter an, besser sind aber Transportboxen aus Kunststoff (→ Foto, Seite 82). Die Tiere können sich frei darin bewegen und die Luft ist deutlich besser. Solche Boxen sind zwar nicht ganz billig, doch sie können immer wieder verwendet werden, beispielsweise für den Transport zum Tierarzt oder wenn Sie eine kurze Reise mit Ihren Kuscheltieren machen. Während des Transports im Auto die Box nicht in den Kofferraum, sondern auf einen Sitz stellen und eventuell mit Hilfe eines Gurtes befestigen. Während der Heimfahrt bietet eine Hand voll alter Einstreu in der Reisebox den vertrauten Stallgeruch und vermittelt gleichzeitig Geborgenheit.
Nach der Ankunft zu Hause stellen Sie die Box in den Käfig und öffnen sie. Zuvor alle Einrichtungsgegenstände – außer Häuschen, Futternapf und Nippeltränke – herausnehmen.
Streuen Sie eine Hand voll Karottenschnitzel als Lockmittel auf den Käfigboden und überlassen Sie den Käfigbewohnern alles Weitere. Irgendwann siegt schließlich die Neugier und sie beginnen, ihre neue Heimat zu erkunden. Sobald sie Futter und Wasser annehmen, ist die erste Hürde der Eingewöhnung erfolgreich überwunden.

Die Meerschweinchen in ihrem neuen Zuhause

Seelenruhig und unbekümmert sitzen die kleinen Kerlchen die ersten Stunden im Käfig. Weder Mimik noch Verhalten verraten, was in ihnen vorgeht. Dagegen sind Hunde und Katzen ein Bilderbuch. Ihre Gefühle versteht man auf Anhieb. Aber hinter der coolen Fassade der Meerschweinchen stecken empfindsame Tierchen. Jede Änderung ihrer Lebensbedingungen und jede unbekannte Situation kann sie unter Stress setzen. Der Wechsel in die fremde Welt eines neuen Besitzers ist ein einschneidendes

Die beiden Meerschweinchen kennen sich von klein auf: Keine Sorge, auch zwei Tiere werden zahm.

Ereignis für Meerschweinchen. Darum nähern Sie sich den neuen Familienmitgliedern mit Geduld und Fingerspitzengefühl. Sie werden es Ihnen danken, indem sie Kontakt mit Ihnen aufnehmen. Bereits in den ersten Tagen wird der Grundstein für eine glückliche und lebenslange Partnerschaft gelegt.

Was Sie am Anfang unbedingt vermeiden sollten

Erleichtern Sie den Tieren die Eingewöhnung, indem Sie Folgendes vermeiden:

- Lautes Türenschlagen ängstigt Meerschweinchen ebenso wie schrille Töne und hektische Bewegungen.
- Erstaunlich, aber wahr: Völlige Stille versetzt Meerschweinchen ebenso in Stress wie schrille Töne.
- Schnelle Bewegungen über dem Käfig lösen bei den Meerschweinchen angeborenermaßen Angst aus. Denn was sich von oben nähert, kann ein gefährlicher Greifvogel sein. Erst mit der Zeit verliert sich die Angst.
- Hunde und andere Heimtiere zu Beginn der Eingewöhnungsphase nicht in die Nähe der Tiere lassen.
- Häufiges Ein- und Ausschalten von grellem Licht kann Panikreaktionen auslösen.
- Solange die Tiere noch scheu und schreckhaft reagieren, sollten sie nicht angefasst oder auf den Arm genommen werden.
- Die Reinigung des Käfigs sollte unterbleiben, solange die Bewohner noch nicht mit Ihnen und der Umwelt vertraut sind.

Vertrauen aufbauen

1 **Nähern Sie sich dem Tier** vorsichtig und sprechen Sie es leise an. Die Käfigtür bleibt vorerst noch geschlossen.

2 **»Verführen« Sie das Meerschweinchen,** indem Sie es mit Leckerbissen wie z. B. einem Stück Möhre anlocken.

3 **Erst wenn das Tier** die Angst verloren hat, öffnen Sie die Käfigtür, damit zwischen Ihnen und Ihrem Meerschweinchen kein Hindernis mehr ist.

- Futternäpfe nicht an andere Stellen versetzen.
- Schutzhäuschen nicht anheben.

Wenn Sie auf diese Dinge in der Eingewöhnungszeit achten, werden Sie ganz schnell zahme und stabile Meerschweinchen-Persönlichkeiten ihr Eigen nennen können.

Regeln für eine problemlose Eingewöhnung

Alle Tiere, ob groß oder klein, dick oder dünn, sind individuelle Persönlichkeiten. Wie stark sie ihre Persönlichkeit ausbilden können, ist von Tierart zu Tierart verschieden und hängt von der Komplexität des Gehirns ab. Jedes meiner Meerschweinchen war verschieden: Manche waren mutiger und neugieriger, andere scheuer und zurückhaltender. Einige lernten besonders schnell, und manche brauchten sehr lange, bis der Groschen gefallen war. Meerschweinchen sind Persönlichkeiten mit eigenem Charakter und Ansprüchen.

Respektieren Sie die individuellen Wesenszüge und Eigenheiten der Tiere. Das erleichtert die Eingewöhnung und das Vertrauen.

Der eigene Stallgeruch gibt Sicherheit und schafft Heimatgefühle. Reinigen Sie daher in den ersten Wochen nur besonders stark verschmutzte Käfigbereiche.

Einzeln gehaltene Meerschweinchen brauchen ein hohes Maß an Zuwendung. Sie geraten weitaus häufiger in Panik als Tiere, die in einem Rudel leben. Stress wird bei ihnen nur langsam abgebaut. Ist ein Artgenosse in der Nähe, legt sich die Aufregung viel schneller.

Das Sozialverhalten der Meerschweinchen unterscheidet sich deutlich von dem anderer Rudeltiere. Affen lausen sich gegenseitig, Pferde und Rinder belecken sich und Wellensittiche kraulen sich mit dem Schnabel. Meerschweinchen dagegen schmusen nicht miteinander und treiben keine soziale Körperpflege. Das verleitet zur Annahme, der Artgenosse sei nicht so wichtig.

Doch das Gegenteil ist der Fall. Für das Wohlbefinden ist der Partner ungeheuer wichtig.

Nehmen Sie ein scheues Tier auf keinen Fall in die Hand! Bieten Sie ihm durch das Käfiggitter Karotten an. Damit stacheln Sie seine Neugier an und machen ihm Mut. Es lernt dabei gleichzeitig ihren Geruch kennen.

Hinweis: Starten Sie tatsächlich nur mit einem Meerschweinchen, was ich allerdings ausdrücklich nicht empfehle (→ Seite 20), sollten Sie dem Neuling die Eingewöhnung mit einem kleinen Trick erleichtern: Legen Sie etwas von der alten Einstreu in den Käfig und spielen Sie ihm Stallgeräusche seiner Sippe vor. Aber bitte möglichst gedämpft. Lautstärken über etwa 80 dB versetzen das Tier in Angst und Schrecken. Geruch und Laute beruhigen das Meerschweinchen und vermitteln Geborgenheit. Auch wenn sich das Kerlchen mit Ihnen angefreundet hat, sollten Sie ihm einen Artgenossen geben. Teilen Sie die Freundschaft, das tut allen gut.

Wie werden Meerschweinchen zahm?

Um Ihre Meerschweinchen handzahm zu machen, müssen Sie mit viel Einfühlungsvermögen vorgehen. Vermeiden Sie schnelle schreckhafte Bewegungen und nähern Sie sich Ihrem Tier immer von vorne (→ Fotos, oben). Der Vorteil liegt auf der Hand: So kann es Sie sowohl optisch als auch am Geruch sofort

TIPP

Von Hand aufgezogene Tiere

Vorsicht bei Meerschweinchen, die von Hand aufzogen wurden und völlig auf den Menschen geprägt sind! Diese Tiere werden nie richtig erwachsen. Sie lassen sich oft nur schwer in eine bestehende Gruppe eingliedern und sind außerdem voll und ganz auf unsere Fürsorge angewiesen.

MEIN HEIMTIER

»Draufgänger« oder »Angsthase«?

Welche Persönlichkeit Ihr Meerschweinchen hat, können Sie bereits in den ersten Stunden feststellen. Mutige oder Scheue zeigen unterschiedliches Verhalten in der neuen Umgebung, besonders dann, wenn schon andere Käfigbewohner vorhanden sind.

Der Test beginnt:

Notieren Sie alle Verhaltensweisen, die Ihre Meerschweinchen zeigen. Zieht sich eines sofort in sein Häuschen zurück? Dann hat es ein eher ängstliches Naturell. Wendet er sich häufiger den oder dem Mitbewohner zu? Mutige Tiere suchen den Kontakt zu den Rudelmitgliedern oder dem anderen Meerschweinchen. Scheue Tiere machen sich in der Regel zuerst mit der Umgebung vertraut und beschnuppern die Käfigeinrichtung.

Mein Testergebnis:

erkennen. Gewohntes macht ihm weniger Angst. Der erste Schritt der Zähmung besteht darin, das Tier auf Sie neugierig zu machen. Es soll sich Ihnen von sich aus, freiwillig und ohne Zwang, nähern. Das ist ein Grundprinzip und gilt für alle Tiere, gleich ob Löwe, Tiger oder Wellensittich.

Erster Zähmungsschritt

Neugierig machen. Doch wie können Sie Meerschweinchen neugierig auf sich machen?

Nähern Sie sich dem Tier bei geschlossenem Käfig. Legen Sie sich in Augenhöhe mit ihm neben den Käfig. Verharren Sie einige Minuten ruhig. Und nun kommt der Trick: Ahmen Sie die Töne des Meerschweinchens nach. Kein Meerschweinchen kann seinen eigenen Tönen widerstehen. Falls Ihnen das Nachahmen schwer fällt, verwenden Sie einen kleinen Kassettenrecorder mit Meerschweinchenstimme.

Zweiter Zähmungsschritt

Vertrauen gewinnen. Bei Meerschweinchen geht die Liebe zunächst vor allem durch den Magen.

Reiben Sie ihre Hände mit Einstreu des Käfigs ein. So, nun riechen auch Sie nach Meerschweinchen. Öffnen Sie nun die Käfigtür und zeigen Sie dem Tier beispielsweise einige Blätter frischen Löwenzahn. Nennen Sie dabei leise seinen Namen. Ein lang gezogenes »guuut« wirkt zudem beruhigend auf das Meerschweinchen.

Dritter Zähmungsschritt

Vertrauen ausbauen. Aus der Sicht des Meerschweinchens sind Sie eine Art »Glücksbringer«. Es hat von Ihnen bisher nur Gutes erfahren und somit Positives mit Ihnen verbunden. Dieses Vertrauen lässt sich ausbauen.
Locken Sie das Meerschweinchen mit Grünfutter aus seinem Käfig. Damit dem kleinen Kerlchen der Weg ins Freie nicht so schwer fällt, bauen Sie ihm eine Brücke in die Freiheit, indem Sie ein Brett auf die Plastikwanne des Käfigs legen. Es gibt auch so genannte Einstiegshilfen aus Holz im Zoofachhandel zu kaufen, die biegsam sind und den Ein- und Ausstieg enorm erleichtern. Übung macht den Meister, darum wiederholen Sie diese Übung mehrere Male.

Vierter Zähmungsschritt

Ohne Angst. Das Eis ist nun gebrochen. Das Meerschweinchen sucht von sich aus Kontakt zu Ihnen und lässt sich sogar vorsichtig unter dem Kinn kraulen. Das ist der erste Punktsieg, den Sie errungen haben. Als zweiter folgt das Streicheln mit dem Finger über den Rücken. Weicht das Meerschweinchen nicht mehr zurück, ist es handzahm. Jetzt steht den Erkundigungen der Umgebung nichts mehr im Weg. Nun erleben Sie, wie neugierig die kleinen Nager sein können. Ein gesicherter angstfreier Rückzug in den Käfig muss allerdings gewährleistet sein, denn das ist der Ort der größten Sicherheit.
Nun lernen Sie Ihr Meerschweinchen von einer ganz anderen Seite kennen. Aus dem ängstlichen stressanfälligen Tier entwickelt sich eine Persönlichkeit, die selbstsicher auf neue Probleme zugeht und versucht, sie zu bewältigen.

Wenn der Meerschweinchen-Partner stirbt

Ein einzelnes Meerschweinchen ist kein Meerschweinchen. Daher meine Bitte: Kaufen Sie ihm einen neuen Partner hinzu. Am besten das gleiche Geschlecht wie der Verstorbene. Geben Sie den beiden Zeit sich aneinander zu gewöhnen. Nicht jede kleine Streitigkeit ist gefährlich, sondern sie klärt die Rangfrage. Ich habe die Erfahrung gemacht, dass sich ein jüngeres, neues Tier leichter anpasst, als ein Älteres.

Ist das Meerschweinchen einmal zahm, genießt es die tägliche Zuwendung seines Halters.

Fragen zur Haltung und Eingewöhnung

? Ich möchte meine zweijährige Hündin Susi an meine beiden Meerschweinchen gewöhnen. Ist das möglich?
Wenn Ihre Hündin keinen ausgeprägten Jagdinstinkt hat, sollte dies möglich sein. Meine Hunde haben ohne Probleme gelernt, mit den Meerschweinchen zu leben. Voraussetzung ist, dass Sie behutsam vorgehen. Wie gewöhnt man die Tiere aneinander? Lassen Sie den Hund vor dem Meerschweinchenkäfig abliegen. Sprechen Sie leise mit ihm und loben Sie ihn. Die Meerschweinchen locken Sie mit einer Karotte nahe an den Käfigrand. Geben Sie Ihrem Hund zwischendurch ein Leckerli. Der Hund muss sich ruhig verhalten, damit die Meerschweinchen nicht erschrecken. So lernen beide den Geruch des anderen kennen und die Anwesenheit des anderen wird alltäglich. Diese Übung wiederholen sie 5- bis 10- mal. Interessieren sich Meerschweinchen und Hund kaum füreinander, dann nehmen Sie das Meerschweinchen auf den Schoß und den Hund an die Seite. Streicheln Sie beide Tiere zugleich. Im Laufe der Zeit lernt der Hund, dass Meerschweinchen keine Beute sind und die Meerschweinchen lernen, dass der Hund friedlich ist.

? Meerschweinchen sollen angeblich schneller zahm werden, wenn sie kein Häuschen im Käfig haben. Stimmt das tatsächlich?
Unabhängig davon, ob es stimmt, darf man eine solche Zwangsmethode auf keinen Fall bei diesen Tieren anwenden. In der Natur leben Meerschweinchen in Unterschlüpfen und fliehen bei Gefahr dorthin. Das ist in ihrem ererbten Verhaltensprogramm fest verankert. Fehlt der Unterschlupf, sind schwere Verhaltensprobleme die Folge. Stellen Sie deshalb unbedingt ein Häuschen zur Verfügung.

? Kann man Meerschweinchen alleine halten?
Die Antwort ist eindeutig nein. Meerschweinchen sind ausgesprochene Rudeltiere. Der Mensch kann den Artgenossen nicht ersetzen, weil das Tier zum Menschen keine solch tiefe Bindung aufbaut, wie z. B. ein Hund und andere Tiere. Zum Wohlbefinden eines Meerschweinchens gehören nun einmal unbedingt Meerschweinchen.

? Kann ich im Sommer in meine große überdachte Vogelvoliere (4 x 2 m) meine Meerschweinchen dazusetzen?
Wellensittiche und Nymphensittiche lassen sich vermutlich durch die Meerschweinchen nicht stören. Vielleicht empfinden sie die Meerschweinchen sogar als Bereicherung des Alltags. Meerschweinchen haben auch keine Angst vor den Vögeln. Vom Verhalten der beiden Tiere spricht also wenig dagegen. Ein Pro-

blem ist sicherlich die Hygiene. Die Meerschweinchen kommen mit Vogelkot und die Vögel mit Meerschweinchenkot in Kontakt. Kot ist ein häufiger Krankheitsüberträger, darum wäre es mir zu gefährlich, Vögel und Meerschweinchen zusammen in einer Unterkunft zu halten.

? Gibt es Verhaltensunterschiede bei den verschiedenen Meerschweinchen-Rassen?
Meines Wissens gibt es darüber keine wissenschaftlichen Untersuchungen. Die Auffassung einzelner Meerschweinchenhalter, dass sich langhaarige Tiere träger und bequemer verhalten, sind Einzelmeinungen. Bei unseren Lernversuchen waren drei Kandidaten Sheltie-Meerschweinchen. Zwei von ihnen schnitten schlechter ab, als die Glatt- und Rosetten-Meerschweinchen. Aber das kann reiner Zufall gewesen sein und hat vermutlich nichts zu bedeuten. Einen deutlichen Unterschied gibt es dagegen im Verhalten zwischen Wild- und Hausmeerschweinchen.

? Kann man Meerschweinchen, wie z. B. Ratten, zum Spazierengehen mitnehmen?
In England habe ich dies schon beobachtet. Gemütlich schlenderte eine junge Frau mit ihrem Meerschweinchen auf dem Arm durch einen Park. Dies habe ich mehrere Male gesehen, einige trugen ihre Tiere in der Transportbox spazieren. Ich glaube nicht, dass die Meerschweinchen viel Freude daran hatten. Im Gegensatz zu Ratten sind sie viel sensibler und scheuer. Ich würde davon abraten.

? Ein Verkäufer eines Zoogeschäftes hat mir empfohlen, zuerst ein Tier und später ein zweites zu kaufen? Er behauptet, sie werden dadurch schneller zahm.
Genau das Gegenteil ist der Fall. Alleinsein ist für Meerschweinchen ein Schock. Nehmen Sie deshalb von Anfang an mindestens zwei Tiere gleichzeitig zu sich. Die Meerschweinchen unterstützen sich und nehmen sich gegenseitig die Angst. Sie vertragen den Wechsel vom Zoogeschäft zu Ihnen leichter.

? Wenn ich mein Meerschweinchen am Nackenfell packe, quietscht es jämmerlich, obwohl es mich seit langem kennt. Was ist der Grund dafür?
Beim Griff in den Nacken glaubt ihr kleiner Freund im ersten Moment, dass er von einem Greifvogel gepackt wird. Die Angst vor Gefahren aus der Luft ist ein Erbe seiner wilden Vorfahren. Es reagiert instinktiv. So funktioniert die Begegnung mit Sicherheit wesentlich besser: Locken Sie das Meerschweinchen zu sich, sprechen Sie leise mit ihm und nehmen Sie es dann vorsichtig auf den Arm (→ Seite 59).

4.

Das ist gesund und schmeckt

Meerschweinchen sind ständig am Futtern. Das ist wichtig für ihre Verdauung. Doch was sie futtern, darauf kommt es an. Abwechslungsreiche Kost ist wichtig und »ihr tägliches Brot«, das Heu.

Was Sie über Ernährung wissen sollten

Die richtige Zusammensetzung macht's, auch bei der Ernährung Ihrer Meerschweinchen. Eiweiß, Kohlehydrate, Fette, Mineralien und Vitamine braucht der Organismus des Meerschweinchens, um funktionstüchtig zu bleiben.

DAS KARUSSELL DES LEBENS dreht sich um Nahrung und Sexualität. Dies gilt für fast alle Lebewesen uneingeschränkt, auch für unsere Meerschweinchen. Nun stellt sich natürlich die Frage, was ist denn eigentlich gesundes Futter für Meerschweinchen?

Meerschweinchen sind Pflanzenfresser

Im Laufe der Millionen Jahre hat sich ein Lebewesen an die Umwelt angepasst, insbesondere an sein Futterangebot. Damit ist garantiert, dass die unterschiedlichsten Lebewesen alle Nahrungsressourcen nützen können. Es gibt Spezialisten wie der Große Panda, der nur Bambus frisst, oder Allesfresser wie der Mensch und das Schwein oder Pflanzenfresser wie das Meerschweinchen. Mit dieser Anpassung an verschiedenes Futter hat auch gleichzeitig eine Anpassung der inneren Organe stattgefunden. Der Darm eines Fleischfressers ist viel kürzer als der eines Pflanzenfressers. Der Meerschweinchendarm hat eine Länge von fast 2,5 Meter. Die nackten Zahlen sagen wenig, aber der Vergleich veranschaulicht die enorme Länge. Der menschliche Darm ist etwa 6 Meter lang bei einer ungefähren Durchschnittsgröße des Menschen von 1,70 Meter. Meerschweinchen sind aber nur 30 Zentimeter lang. Auch der Magen des kleinen Nagers ist im Vergleich riesig. 20 bis 30 Milliliter Fassungsvermögen entspricht einem Schnapsglas. Das mag auf den ersten Blick wenig erscheinen, doch das Gegenteil ist der Fall, wenn man das Gewicht des Meerschweinchens von etwa 800 Gramm berücksichtigt. Der menschliche Magen hat ein Volumen von 200 Milliliter bei einem ungefähren Gewicht von 70 Kilo. Die Liste der Anpassungen lässt sich fortführen, führt

Jeder Halm ein Genuss: Meerschweinchen benötigen täglich frisches, hochwertiges Heu.

aber hier zu weit. Sie spüren, wir nähern uns der Antwort unserer Frage. Was ist gesundes Futter? Die Antwort liegt in der Vergangenheit, bei den Vorfahren der Tiere. Man muss nur schauen, was sie gefressen haben oder fressen, dann weiß man, was unseren Hausmeerschweinchen in etwa gut tut. Der Speisezettel der Vorfahren ist eine Richtschnur des Futterplans von heute.

mehrere Tage auf die faule Haut. Beide Strategien sind in den Genen der beiden Tierarten verankert und jede für sich führt zum Erfolg.

Kleine Portionen: Meerschweinchen große Futterportionen anzubieten ist falsch und ungesund. Geben Sie Ihrem Meerschweinchen kleine Portionen über den Tag verteilt. Das dauernde Fressen von rohfaserhaltigem Futter hat auch eine medizinische Bedeutung. Es hält die Darmbewegungen (Peristaltik) aufrecht. Ohne den ständigen Nachschub würde sie erlahmen, weil die Magen- und Darmmuskulatur schwach ausgebildet ist. Die Konsequenz daraus heißt aber auch: Meerschweinchen dürfen nicht hungern.

WUSSTEN SIE SCHON, DASS ...

... Kot fressen lebensnotwendig ist?

Haben Sie schon einmal beobachtet, dass Meerschweinchen ihren eigenen Kot fressen? Das ist kein Grund zum Ekeln. Sie fressen keinen normalen Kot, sondern den weichen, feuchten und traubenartigen Blinddarmkot. Im Blinddarm findet ein Großteil der Verdauung statt, so dass der Blinddarmkot sehr eiweißreich ist. Durch das Fressen dieses Kots kommen die Meerschweinchen auf ganz bequeme Art zum »Eiweißtopf«.

Die Nahrung der Vorfahren: Was fressen die Wildmeerscheinchen? Wo diese Kerlchen leben, ist das Nahrungsangebot nicht üppig und abwechslungsreich, entsprechend ist auch ihre Kost. Sie fressen vor allem Gräser und Pflanzen mit einem hohen Rohfaseranteil. Beides absolut keine Kalorienbomben. Um an die nötige Energie zu kommen, müssen sie ständig auf der Suche nach Futter sein. Sie fressen ständig kleine Portionen. Eine andere Strategie ist z. B. die der Löwen. Sie fressen auf einmal 20 Kilo Fleisch und legen sich dann für

Heu ist besonders wichtig

Das »tägliche Brot« der kleinen Nager ist Heu. Es muss immer in ausreichender Menge vorhanden sein. Aus dem Heu beziehen die Tiere ihr Rohfasermaterial, das für ungestörte Darmbewegungen sorgt. Als Nebeneffekt verhin-

Meerschweinchen sind reine Pflanzenfresser. **Gutes Heu** ist für eine gesunde und verdauungsfördernde Ernährung der Tiere unverzichtbar.

dert das ewige Kauen auf dem Heu ein ungezügeltes Wachstum der Schneidezähne. Gutes Heu aus verschiedenen Gräsern ist das beste Grundfutter. Sehr gern fressen Meerschweinchen Klee- und Luzerneheu, aber auch Bohnen- und Erbsenstroh. Ich kaufe meist Wiesenheu, um meinen Tieren viele verschiedene Pflanzen anbieten zu können. Günstig ist, wenn neben Gras viele Wiesenkräuter im Heu enthalten sind, die wichtige Mineralstoffe zu bieten haben. Kaufen Sie also Heu, das im Verpackungsaufdruck auf diesen Anteil hinweist. Achten Sie darauf, dass das Heu nicht überaltert ist.

Wie erkennen Sie frisches Heu?

Altes Heu staubt stark und hat einen muffigen Geruch. Es riecht nicht würzig. Im Heu sollten keine Erde, Exkremente, Schimmel und Giftpflanzen enthalten sein. Ist bereits ein hoher Anteil des Heus in kleinste Abschnitte zerfallen, ist es besser, die Finger davon zu lassen. Ich habe gute Erfahrung mit Heu aus dem Zoofachhandel gemacht. Daher meine Empfehlung: Die erste Adresse für den Heueinkauf ist die Zoofachhandlung. Sie bietet bereits Heuarten mit den unterschiedlichsten Kräuterbeigaben an. Sogar einzelne getrocknete Kräuter kann man kaufen und sie unter das Heu mischen.

Hinweis: Natürlich hindert Sie auch niemand daran, selbst als Sammler tätig zu werden. Aber Achtung! Sammeln Sie keine Pflanzen an den Rändern stark befahrener Straßen. Die giftigen Abgase belasten die Pflanzen und damit auch die Gesundheit Ihrer Meerschweinchen. Ebenso Pflanzen von überdüngten Feldern. Vergewissern Sie sich, dass Sie keine giftigen Pflanzen sammeln (→ Adressen im Internet, Seite 141).

Nahrungsbausteine

Kein Zweifel, Heu ist für Meerschweinchen sehr wichtig. Heu allein reicht jedoch nicht aus, um sie mit der nötigen Energie zu versorgen. Das klingt widersprüchlich, denn ihre wilden Vettern, die Wildmeerschweinchen, ernähren sich ja auch nur von Gräsern. Doch zwischen Frischgras und Trockengras gibt es einen Unterschied. Im Trocken-

Fertigfuttermischungen enthalten viele Nahrungsbestandteile, doch ohne Saftfutter geht es nicht.

gras wurden im Gegensatz zu frischen Gräsern schon viele Nährstoffe abgebaut. Und Meerschweinchen benötigen – wie alle Tiere – in genügender Menge Eiweiße (→ Tipp, unten), Fette und Kohlenhydrate, um ihren Energiehaushalt zu decken. Selbstverständlich brauchen sie auch Mineralien und Vitamine.

Eiweiß

Wozu braucht der Körper Eiweiß? Der Abbau des Eiweißes im Körper liefert Energie. Zwar nicht so viel wie Fett, aber immerhin die Hälfte. Doch Eiweiß ist nicht nur Energielieferant, sondern es ist auch bei der Erneuerung unseres Körpers von großer Wichtigkeit. Ein Beispiel verdeutlicht dies auf eindrucksvolle Weise. Wenn Sie sich im Spiegel betrachten und dies in einem Monat wiederholen, sind fast alle Hautzellen durch neue ersetzt worden. Wenige Ihrer alten Zellen haben überlebt. Ständig werden immer wieder neue Zellen im ganzen Körper gebildet und dazu brauchen sie Eiweiße. Sie sind ein wichtiger Bestandteil der Zellmembranen. Zelltod und Geburt der Zellen findet immer wieder statt. Dies ist ein allgemeines biologisches Prinzip und gilt selbstverständlich auch für Meerschweinchen. Eine zu geringe Menge an Eiweiß führt zu Mangelerkrankungen oder zum Tod. Warum hat ein Mangel an Eiweiß so gravierende Folgen? Ganz einfach, die Muskeln bestehen größtenteils aus Eiweiß. Darum essen Body-Builder und Gewichtheber eiweißreiche Kost. Auch die Muskeln Ihrer kleinen Haustiere sind »Eiweißpakete«.

Die richtige Eiweiß-Ration: Wie viel Eiweiß benötigt ein Meerschweinchen, um seinen Körper zu erhalten? Wissenschaftler empfehlen 14 bis 18 Prozent Roheiweiß pro Gesamttagesration.
In folgenden Samen und Futterpflanzen ist pflanzliches Eiweiß enthalten:

- Sonnenblumensamen,
- Leinsamen, aber Vorsicht! Leinsamen enthalten auch sehr viel Fett. Von zu viel Leinsamen werden Ihre Meerschweinchen dick.
- Hülsenfrüchte, wie beispielsweise Soja und Erdnüsse,
- Getreidekörner,
- Wiesenheu und anderes Grünfutter.

Kohlenhydrate

Zu den bekanntesten Kohlehydraten gehören Stärke und Zucker. Sie sind unter anderem in Brot, Nudeln und Süßigkeiten enthalten und man kann sie durchaus als die Dickmacher unserer Zeit bezeichnen. Aber der größte Kohlenhydratspeicher bleibt dem Menschen und vielen Tieren verschlossen. Es ist die Cellulose. Aus Cellulose bauen die Pflanzen ihre Zellwände. Nur Pflanzenfresser wie unsere Meerschweinchen kommen an diesen ungeheuren Schatz der Natur, denn sie können Cellulose zu Zucker abbauen. Um genauer zu sein, sie können es mit Hilfe von Mikroorga-

TIPP

Nur pflanzliches Eiweiß

Im Gegensatz zu beispielsweise den Hamstern sind Meerschweinchen reine Vegetarier. Sie vertragen ausschließlich pflanzliches Eiweiß. Sie würden also Ihren Meerschweinchen absolut keinen Gefallen tun, wenn Sie sie etwa mit Quark, Joghurt oder Fleischbällchen »verwöhnen« möchten.

Eine Möhre ist eine wahre Vitamin-A-Bombe. Das enthaltene Karotin ist gut für die Sehkraft.

nismen und Bakterien. Im Darm der Pflanzenfresser wimmelt es von ihnen und ohne diese kleinen Gesellen würden die Meerschweinchen verhungern. Cellulose ist in allen Pflanzen enthalten, natürlich auch im Heu. Kohlenhydrate benötigen Meerschweinchen, um Energie zu gewinnen und für den Aufbau und Erhalt des Körpers.

Fette

Eiweiße, Kohlenhydrate und Fette sind die Grundlage einer gesunden Ernährung. Dieses Trio liefert die Energie. Ohne dieses Trio geht nichts. Der jeweilige Anteil, den ein Tier braucht, ist aber von Tierart zu Tierart verschieden. Eisbären und Robben etwa benötigen viel Fett, Meerschweinchen dagegen eher viel Kohlenhydrate. Die Menge an Fett, die ein Meerschweinchen braucht, bekommt es im Frühjahr und Sommer von den Grünpflanzen. Im Winter kann man Hülsenfrüchte, Sonnenblumenkerne und Mais dazufüttern.

Hinweis: Ein Gramm Fett liefert die doppelte Menge an Kalorien wie Kohlenhydrate oder Eiweiß. Meerschweinchen neigen zu Übergewicht, darum füttern sie wenig fettreiche Nahrung.

Mineralien

Was sind Mineralien? Viele Menschen sind sich darüber im Unklaren und in den meisten Büchern werden leider falsche Informationen dazu geliefert. Das mag jetzt in Ihren Augen belehrend klingen, ist es aber meines Erachtens nicht. Eine kurze Geschichte aus meiner Erfahrung verdeutlicht dies.

Im Winter, wenn kein Gras wächst, tut es auch ein selbst bepflanzter Blumentopf!

Kamele eines Tiergeheges litten an Kupfermangel, so die Diagnose des Tierarztes. Die Reaktion der Tierpfleger war prompt. Sie boten ihren Tieren Kupferstangen zum Lecken an. Das war ein Schuss nach hinten, denn reines Kupfermetall ist schon in geringen Dosen giftig. Nun zur Frage zurück.
Mineralien sind Salze der verschiedensten Metalle und der Organismus nimmt diese Salze auf. Die meisten reinen Metalle sind giftig. Mineralien benötigen alle Lebewesen und sie haben vielseitige Aufgaben.
Für Meerschweinchen ist eine ausgeglichene Mineralstoffzufuhr wichtig. Die Mineralstoffzufuhr ist abhängig von der Art des Futtermittels und seiner Verabreichung. Zu viel Kalziummineralien beispielsweise sollten Meerschweinchen nicht fressen, denn das kann zu Verdauungsschwierigkeiten führen. Deshalb Luzerne, Brokkoli, Kohlrabiblätter und Petersilie nur in geringen Mengen füttern, da sie viele Kalziumsalze enthalten. Ausreichend Natriumsalze hingegen bekommen Ihre Meerschweinchen, wenn Sie sich an die Futterempfehlungen dieses Ratgebers halten.
Hinweis: Bei einer ausgewogenen und abwechslungsreichen Ernährung brauchen Meerschweinchen keinen Salzleckstein.

Vitamine

Die meisten Lebewesen sind in der Lage, Vitamin C selbst zu bilden. Nur Menschen, Affen und Meerschweinchen können es nicht. Sie müssen es durch die Nahrung bzw. das Futter aufnehmen. Ein Mangel daran führt zu ernsthaften Erkrankungen. Ein zu viel davon schadet nicht, denn es wird mit dem Urin ausgeschieden.
Erwachsene Meerschweinchen sollten 10 Milligramm/Tag bekommen. Tragende Weibchen 20 Milligramm/Tag. Das sind zwar die exakten wissenschaftlichen Mengen, aber wer hat schon die Möglichkeit, so genau zu wiegen. In aller Regel können Meerschweinchen ihren Bedarf an Vitamin C durch eine ausgewogene und abwechslungsreiche Frischkost, wie Gemüse, Obst und Salate, decken. Aber bei Pflanzen, die lange gelagert, der Wärme und der Sonne ausgesetzt wurden, wird das Vitamin C zerstört, weil es in der Wärme nicht stabil ist. Daher empfehle ich zur Sicherheit eine Prise Vitamin-C-Pulver (aus der Drogerie oder Apotheke) zum Futter dazuzugeben. Dieser Ratschlag gilt vor allem im Winter, wenn Frischfutter knapp ist. Ich streue einen Viertel Teelöffel davon über das gewaschene feuchte Frischfutter. Optimal ist die Menge

Leckeres Saftfutter auf einen Blick

Grünfutter

Frische Wildpflanzen wie Löwenzahn und Spitzwegerich lieben alle Meerschweinchen. Aber auch noch viele andere Pflanzen sind für die gesunde Meerschweinchen-Ernährung geeignet (→ Grün- und Saftfutter, Seite 73).

Gemüse

Frisches knackiges Gemüse wie Möhre, Gurken, Brokkoli oder Kohlrabi enthalten viele Vitamine und Mineralstoffe. Sie sind ein Muss für die gesunde Ernährung Ihrer Meerschweinchen.

Obst

Obwohl Obst viel Vitamin C enthält, verschmähen manche Meerschweinchen diese Vitaminquelle. Decken Sie den Vitamin-C-Bedarf Ihrer Tiere in diesem Fall mit Grünfutter wie z. B. Löwenzahn oder Petersilie.

zweimal über den Tag zu verteilen, also pro Fütterung ein Achtel Teelöffel zu geben. In diesen Pflanzen ist viel Vitamin C enthalten: Brennnessel, Petersilie, Paprika, Brokkoli, Fenchel, Kiwi, Kohlrabi, Erdbeeren, Weißkohl, Klee, Spinat, Feldsalat, Löwenzahn, Mais, Möhren, Apfel, Chicoree, Endivie, Gurke, Kopfsalat und Eisbergsalat. Vitamin A ist reichlich in Karotten enthalten. Multivitaminpräparate, die auch in Zoofachgeschäften angeboten werden, gebe ich vor allen Dingen dann, wenn ich den Eindruck habe, dass die Tiere nicht ganz fit sind. Sonst bin ich vorsichtig damit. Der Grund ist einfach: In Multivitaminpräparaten ist Vitamin D enthalten, was bei Überdosierung schädlich sein kann. Zu viel des Guten kann zu Harnsteinbildung führen

Hinweis: Wie bei Menschen so hilft auch bei Meerschweinchen Vitamin C gegen Infektionserkrankungen und Erkältungen. Wenn meine Meerschweinchen »schnupfen und niesen«, gebe ich ihnen die doppelte Menge an Vitamin C. Mit diesem Tipp eines Tierarztes habe ich bisher sehr gute Erfahrungen gemacht.Die Tiere waren im Handumdrehen wieder fit.

FÜTTERUNGSPLAN FÜR IHRE MEERSCHWEINCHEN

FUTTER UND MENGE

Täglich	Heu muss immer vorhanden sein. Geben Sie ein bis zwei Esslöffel Fertigfutter pro Tier und pro Tag. Verteilen Sie die Portion über den Tag. Eine Hand voll Gras, etwas Löwenzahn, eine Möhre und ein Stück Gurke. Je nach Jahreszeit das entsprechende Obst und Gemüse. Äpfel, Birnen, Brokkoli, Spinat (s. S. 74). Frisches Wasser muss immer vorhanden sein.
Wöchentlich	Geben Sie Ihren Meerschweinchen einmal pro Woche hartes Brot und Zweige zur Abnutzung der Zähne. Genauere Mengenangaben sind nicht möglich, da der Tagesbedarf von der Größe der Meerschweinchen und deren Aktivität abhängt.

Trocken- und Saftfutter

Meerschweinchen sind recht anspruchslos in Sachen Futter. Doch wenn jeden Tag das Gleiche auf dem Speiseplan steht, kann es zu einer Mangelernährung kommen. Sorgen Sie also für Abwechslung und für die wichtige Knabberkost.

FERTIGFUTTER ist weitaus besser als sein Ruf. Richtig verfüttert, können Sie es Ihren Meerschweinchen bedenkenlos anbieten. Es spart Ihnen nicht nur Zeit, sondern auch Arbeit.

Was Sie über Fertigfutter wissen sollten

Fertigfuttermischungen enthalten Weizen, Hafer, Mais, Sonnenblumenkerne, Erdnüsse und kleine Pellets aus mineralisiertem und vitaminisiertem Pressheu. Achten Sie jedoch auf die Inhaltsstoffe. Zu viel des Guten ist ungesund, denn Erdnüsse und Sonnenblumenkerne sind Kalorienbomben.

Futtermenge: Geben Sie nicht mehr als ein bis zwei Esslöffel Fertigfutter pro Tag und Tier (→ Futterplan, Seite 72).

Futter selbst mischen: Selbstverständlich können Sie das Futter auch selbst mischen, aber es bedarf viel Erfahrung, um die richtige Mischung zu finden. Einem Anfänger in der Meerschweinchenhaltung würde ich davon abraten. Ich habe gute Erfahrungen mit Markenprodukten gemacht und vermeide sogar, offene Mischungen zu kaufen, weil ich hierbei keine Frischegarantie habe. Achten Sie beim Kauf auf das Verfallsdatum und die Inhaltsstoffe. Jede Marke hat eine etwas unterschiedliche Zusammensetzung der Stoffe, daher wechsle ich nach zwei bis drei Einkäufen die Marke und erreiche damit eine größere Vielfalt an Nährstoffen. Zugegeben, das ist nicht immer die billigste Lösung, aber sie sorgt für eine Vielfalt der Nahrung. Und noch ein Tipp: Kaufen Sie keine zu großen Mengen und bewahren Sie diese nicht zu lange auf, denn Meerschweinchenfutter ist leicht verderblich.

Hinweis: Fertigfutter ist kein Alleinfutter, sondern Ihr Liebling braucht auch täglich Heu und frisches Grünfutter.

Grün- und Saftfutter

Grünfutter ist nicht gleich Grünfutter. In jungen Pflanzen ist der Nährstoffgehalt

TIPP

Dickes Schweinchen, was tun?

Meerschweinchen dürfen nicht hungern (→ Seite 66). Ist Ihr Meerschweinchen zu dick, sollten Sie einfach Extra-Happen, wie etwa Knabberstangen oder andere Leckereien, die dick machen, konsequent weglassen. Vielleicht sind jetzt auch ein paar »Fitness-Übungen« angebracht (→ ab Seite 103).

größer als in älteren. Bei alten Pflanzen nimmt der Anteil an Cellulose zu, sie verholzen. So sehr sich die Meerschweinchen über das frische Gras des Frühjahrs freuen, desto vorsichtiger muss man sein. Frühjahrsgras enthält viel Eiweiß und wenig Rohfasermaterial. Das kann zu Verdauungsstörungen führen. Gewöhnen Sie deshalb zu Beginn der Saison die Meerschweinchen vorsichtig an die saftige Versuchung. Stellen Sie beispielsweise das versetzbare Freigehege nur zur Hälfte auf eine frische Wiese. Meerschweinchen brauchen Grünfutter. Es enthält auch Öle, Vitamine und Spurenelemente. Je nach Jahreszeit bekommt meine Truppe Wildpflanzen, Obst, Gemüse und Salate.

Wildpflanzen: Löwenzahn enthält viel Eiweiß und Kalzium. Füttern Sie wegen des Kalziumgehalts nicht zu viel davon. Brennnesseln sind Vitamin-C- und eiweißreich. Die Tiere fressen aber nur getrocknete und angewelkte Pflanzen. Sie haben einen hohen Nährwert. Giersch ist ein Unkraut, doch Meerschweinchen lieben es. Auch Wiesenbärenklau wird gern gefuttert.

Der Appetit der Meerschweinchen auf andere Wildpflanzen ist groß. Zügeln Sie ihn im Interesse des Tieres, und verfüttern Sie nur kleine Portionen. Die kleinen Nager mögen auch Kapuzinerkresse, Ackerminze, Huflattich, Großen Breitwegerich, Ringelblume, Beifuß, Vogelmiere und Kamille. Einige meiner Meerschweinchen hatten besondere Vorlieben für die eine oder andere Pflanze. Das spricht natürlich gegen eine ausgewogene Ernährung. Deshalb mein Tipp: Füttern Sie diese Pflanze ein paar Tage nicht.

Obst: Obst ist nicht der Hit meiner Meerschweinchen. Ab und zu fressen sie ein Stück Apfel oder Birne. Orangen verschmähen sie.

Gemüse: Verfüttern Sie keine Gemüseabfälle, sondern nur frisches und gewaschenes Gemüse. Waschen Sie es unter lauwarmem Wasser ab. Meerschweinchen fressen unterschiedlich gern: Brokkoli, Blumenkohlblätter, Gurken, Karotten, Kohlrabi, Sellerie, Spinat und Zucchini.

Salate: Auch für die Salate gilt: Sie müssen sorgfältig gewaschen werden. Chicoree fressen die kleinen Nager besonders gern, aber leider enthält er leicht gärende Stoffe, so dass man nur kleine Mengen füttern darf. Eisberg- und Kopfsalat mögen sie ebenfalls.

Hinweis: Alle Kohlsorten dürfen nur in geringen Mengen gefüttert werden, denn sie verursachen Blähungen.

Das junge Tier ahmt dem erwachsenen das Fressen von Trockenfutter nach. Jedoch sind für eine gesunde Entwicklung gerade Frischfutter und Mineralstoffe ganz entscheidend.

Saftfutter richtig anbieten

Sie müssen es Ihren Tieren nicht auf dem »silbernen Tablett« servieren, jedoch am besten auf einem Holzbrettchen oder einer kleinen Steinplatte. So wird das feuchte Frischfutter nicht mit Einstreu verdreckt und die Tiere kommen in den Genuss von knackigem Gemüse, Obst und Salat.

Vorsicht, giftig!

An dieser Stelle möchte ich Ihnen noch einige Hinweise auf Pflanzen geben, die für Meerschweinchen giftig sind.
Gartenpflanzen: Adonisröschen, Akazie, Akelei, Azaleen, Bingelkraut, Efeu, Eibe, Eisenhut, Engelstrompete, Glycinie, Goldregen, Hahnenfußgewächse, Herbstzeitlose, Immergrün, Kirschlorbeer, Krokus, Liliengewächse, Nachtschattengewächse, Salomonsiegel, Stechapfel, Wacholder und Wolfsmilchgewächse.
Zimmerpflanzen: Alpenveilchen, Birkenfeige, Christusdorn, Dieffenbachie, Farne, Hoja, Korallenbäumchen, Kroton, Oleander, Weihnachtsstern und Zimmerkalla.

Knabberkost

Nagetierzähne wachsen ein Leben lang. Überlange Zähne behindern beim Fressen und rufen Verletzungen hervor. Festes Futter reguliert das Zahnwachstum. Geeignete Knabberkost ist: hartes Brot, ungespritzte Zweige und Äste von Apfelbaum, Birnbaum, Linde und Birke. Ab und zu können Sie Ihre Lieblinge ruhig einmal mit Knabberherzen und -stangen aus dem Zoofachhandel verwöhnen. Viele Meerschweinchen sind ganz verrückt danach. Doch füttern Sie nicht zu viel davon. Diese Knabbereien sind Kalorienbomben.

Wie viel Futter braucht ein Meerschweinchen?

Eine genaue Angabe zu machen ist schwierig, weil die Futtermenge vom Energiegehalt und Rohfaseranteil des Futters abhängt. Aber als Richtschnur gibt man täglich 4 % ihres Körpergewichtes in Gramm als Futter. Ein 1000 Gramm schweres Meerschweinchen sollte demnach etwa 40 Gramm Futter pro Tag aufnehmen.

Frisches Wasser

Wenn es sehr heiß ist, nehmen Meerschweinchen große Schlucke aus der Nippeltränke, meist aber trinken sie wenig. Bei viel saftiger Frischkost brauchen sie täglich etwa 100 Milliliter Wasser, ansonsten 250 bis 1000 Milliliter. Der Wasserspender muss immer gefüllt und jederzeit zugänglich sein.

Meerschweinchen brauchen unbedingt und jederzeit **Nagematerial** wie etwa frische Zweige. Nur so können sie ihre ständig nachwachsenden Zähne abnutzen.

Zwischen dem Heu hat sich eine Möhre versteckt. Diese Leckerei bleibt nicht unentdeckt.

Wie Sie Meerschweinchen richtig füttern

- Geben Sie den kleinen Kerlchen ihre Futterrationen in kleinen Portionen dreimal über den Tag verteilt. Erlaubt Ihre Arbeit diesen Plan nicht, können Sie unbedenklich auch nur morgens und abends füttern.
- Heu muss immer in der Raufe vorhanden sein. Heu nicht auf dem Boden geben. Verschmutzungsgefahr!
- Im Frühjahr vorsichtig mit frischem Grünfutter beginnen.
- Frischfutterreste aus dem Käfig entfernen. Nachdem die Tiere aufgehört haben zu fressen, nehme ich die Reste raus. Bleibt viel übrig, kommt der Rest gut verschlossen in eine Plastiktüte in den Kühlschrank.
- Bei handelsüblichem Fertigfutter auf Inhaltsstoffe achten.
- Fertigfutter nur in kleinen Mengen verabreichen.
- Auch rangniedere Tiere müssen ungestört ans Futter kommen. In aller Regel fressen Meerschweinchen friedlich miteinander, aber es kann auch zu Reibereien kommen. Stellen Sie ein Brettchen so in den Käfig, dass sich die Tiere nicht sehen können.
- Achten Sie darauf, dass die Tiere täglich genügend Vitamin C erhalten (→ Seite 70).
- Wasser muss immer zur Verfügung stehen.

MEIN HEIMTIER

Was schmeckt Ihrem Meerschweinchen am besten?

Verteilen Sie im Freigehege oder Zimmer, während des Freilaufs, unterschiedliches Futter und schicken Sie den Kandidaten auf die Suche. So können Sie feststellen, was er besonders gern mag und wie gut er riecht.

Der Test beginnt:

Verstecken Sie die Futterhäppchen so, dass das Tier suchen muss. Beobachten Sie nun mehrere Male hintereinander, wo das Meerschweinchen nach drei bis vier Versuchen zuerst hinläuft. Die ersten beiden Versuche können Zufall sein, denn das Meerschweinchen muss ja erst lernen, wo sich sein Lieblingsfutter befindet.

Mein Testergebnis:

5.

Gut gepflegt und rundum gesund

Ein sauberer Käfig und gute Pflege sind Grundvoraussetzungen dafür, dass Ihre Meerschweinchen gesund bleiben. Wird ein Tier dennoch krank, sollten Sie es sofort dem Tierarzt vorstellen.

Die richtige Pflege beugt Krankheiten vor

Jeder kann sich denken, warum die Hygiene in der Meerschweinchen-Haltung so wichtig ist. Verdreckte Käfige und verschmutzte Tiere ziehen Krankheiten magisch an. Deshalb müssen Sie für Sauberkeit sorgen, allerdings ohne zum »Putzteufel« zu werden.

ZU VIEL DES GUTEN mögen Meerschweinchen nicht. Sie befinden sich damit in guter Gesellschaft mit anderen Tieren. Tiere haben eine eigene Vorstellung von Hygiene. Das Gefieder der Vögel muss sauber sein, damit sie gut fliegen können. Das Fell vieler Säugetiere muss gereinigt werden, damit es vor Kälte schützt und von Parasiten befreit wird. Körperpflege hat im Tierreich eine wichtige Aufgabe. Sie dient dazu, das Überleben der Tiere zu garantieren. Wer mit zu vielen Parasiten befallen ist, wird meist krank und seine Überlebenschancen sinken. Übertriebene Körperpflege wie bei uns Menschen kennen Tiere nicht. Aber dennoch: Ein Maß an Sauberkeit, vor allem bei Heimtieren, muss sein.

Warum Hygiene für Meerschweinchen wichtig ist

Die regelmäßige Reinigung von Käfig und Gehege samt Inventar sind eine Grundvoraussetzung zur Gesunderhaltung Ihrer Meerschweinchen. Bakterien, Viren und Pilze hätten sonst ein leichtes Spiel, und Ihre kuscheligen Heimtiere wären in kürzester Zeit von Krankheiten befallen. Auch die Pflege der Tiere spielt eine wichtige Rolle bei der Gesundheitsvorsorge. Vernachlässigte Meerschweinchen sind nicht nur in ihrem Wohlbefinden beeinträchtigt, sondern auch krankheitsanfällig.

Pflegemaßnahmen rund um Käfig und Inventar

Damit es erst gar nicht zu unhygienischen Verhältnissen im Meerschweinchenheim kommt, müssen Sie regelmäßig sauber machen.

Täglich: Alle Futter- und Trinkgefäße täglich mit heißem Wasser auswaschen und anschließend trocknen. Nippel-

Glänzendes Fell, klare Augen und ein sauberes Näschen – dieses Tier ist rundum gesund.

tränken am besten mit Hilfe einer Flaschenbürste, das Metallröhrchen mit einem Wattestäbchen säubern. Anschließend Futtergefäße und Nippeltränke neu befüllen.

Wöchentlich: Einmal pro Woche wechsle ich die komplette Einstreu im Käfig aus. Übrigens können Sie die handelsüblichen Weichholzspäne, die ich Ihnen empfehle, jederzeit in der Bioabfall-Tonne entsorgen. Bodenwanne, Käfiggitter und Käfigeinrichtung werden in der Badewanne mit heißem Wasser und einer Bürste abgeschubbt und anschließend abgetrocknet. Trennwände und Backsteine ebenfalls abwaschen. Sie werden von den Bewohnern häufig mit Urin markiert (→ Seite 15). Das Wasser sollte richtig heiß sein, um mögliche Krankheitserreger abzutöten. Es kommt schon einmal vor, dass sich Urinstein in der Bodenwanne festsetzt, der sich nur schwer mit Bürste und Wasser entfernen lässt. Verdünnte Zitronensäure (aus der Apotheke) oder das Einweichen in Essig schafft Abhilfe. Anschließend die Bodenwanne gründlich mit klarem Wasser abspülen.

Hinweis: Im Zoofachhandel werden so genannte Geruchsbindersprays angeboten. Wie ihr Name schon sagt, sollen sie unangenehme Gerüche verhindern und damit die Erneuerung der Einstreu hinauszögern. Verzichten Sie darauf. Solche Sprays irritieren den feinen Geruchssinn Ihrer Meerschweinchen nur und gaukeln Ihnen gleichzeitig vor, dass die Einstreu noch sauber ist. Nichts ersetzt die regelmäßige Reinigung.

Wohin mit den Tieren während der Putzaktion?

Während der Reinigung des Käfigs sollten Sie den Tieren Freilauf im Zimmer oder im Auslauf gewähren. Vielleicht besitzen Sie auch ein Freigehege, in das die Tiere während der Putzaktion umziehen können. Damit ersparen sie den Beteiligten Unruhe und Stress. Meine vier Meerschweinchen haben sich an ihren »Hausputz« gewöhnt. Ich habe den Eindruck, sie genießen es, in der sauberen Einstreu zu wühlen. Auf jeden Fall ist »Action« nach dem Großputz im Käfig zu beobachten.

Hinweis: Meerschweinchen, die vorwiegend in der Wohnung leben, dürfen bei kalten Temperaturen natürlich nicht einfach ins Freigehege gesetzt werden. Ein zu abrupter Temperaturwechsel kann schlimme Erkältungen für Ihre Meerschweinchen zur Folge haben (→ Seite 42).

◀ *Die letzten Handgriffe sind erledigt und der frisch geputzte Käfig kann wieder von den Tieren bezogen werden. Vielen Kindern macht es Freude, nach dem Hausputz den Käfig interessant einzurichten.*

Hausputz im Freigehege

Wenn Ihre Meerschweinchen ganzjährig in einem festen Freigehege leben, sind natürlich auch hier regelmäßige Pflegemaßnahmen nötig.
Täglich: Futtergefäße täglich oder zumindest mehrmals wöchentlich mit heißem Wasser reinigen. Die Schutz- und Schlafhütte muss täglich mit frischem Heu oder handelsüblicher Kleintierstreu »ausgepolstert« werden, denn Meerschweinchen verschmutzen ihre Schlafstätte mit Urin und Kot.
Zweimal wöchentlich: Den Boden der Schutz- und Schlafhütte komplett »ausmisten« und mit neuer Einstreu versehen. Wenn die Hütte innen sehr feucht ist, sollten Sie sie zunächst gründlich austrocknen lassen.
Wöchentlich: Den Gehegeboden – je nach Beschaffenheit – ausrechen und neue Einstreu, z. B. Rindenmulch, einstreuen.

Meerschweinchen richtig anfassen und tragen

Wenn Sie Ihr Meerschweinchen ungeschickt anfassen, beginnt es zu zappeln und es kann sich bei einem Sturz selbst aus geringer Höhe schwer verletzen. Daher ist es wichtig, das Tier sanft hochzunehmen und sicher zu tragen. Beim Hochnehmen umfassen Sie von unten die Brust des Tieres, mit der anderen Hand stützen Sie sein Hinterteil (→ Foto, Seite 89). Zum Tragen setzen Sie sich das Meerschweinchen auf den angewinkelten Unterarm, der fest am Oberkörper anliegen sollte, damit das Tier nicht hindurchrutschen kann. Mit der anderen Hand schützen Sie das Tier vor dem Herunterfallen.

CHECKLISTE

Der Pflege-Plan

Regelmäßige Pflegemaßnahmen sind bei der Haltung von Meerschweinchen unumgänglich, damit die Tiere gesund bleiben.

Täglich:

- ○ Wasserspender und Futternäpfe mit heißem Wasser ausspülen (keine Spülmittel verwenden!).
- ○ Zähne, After, Augen, Nase und Ohren kontrollieren.
- ○ Langhaarrassen bürsten, um das Fell vor Verfilzung zu schützen. Haarknoten auflösen oder herausschneiden.
- ○ Kurzhaarige Meerschweinchen pflegen sich selbst, lieben aber die Massage mit der Bürste.

Wöchentlich:

- ○ Käfig und Ausstattung unter heißem Wasser reinigen. Einstreu komplett erneuern. Wasserspender mit Hilfe einer Flaschenbürste gründlich reinigen.

Monatlich:

- ○ Hat sich Urinstein in der Bodenwanne festgesetzt, ihn mit Hilfe von verdünnter Zitronensäure ablösen oder in Essig einweichen.
- ○ Nicht unbedingt nötig, jedoch nach Krankheiten sinnvoll: Desinfektion mit einem milden Desinfektionsmittel.

Für die Gesundheit Ihrer Tiere ist es wichtig, **den Käfig sauber zu halten** und die Tiere, wenn möglich, täglich gründlich zu »untersuchen«.

Die Pflege des Meerschweinchens

Meerschweinchen sind relativ pflegeleicht. Dennoch ist es wichtig, die Tiere genau zu beobachten und regelmäßig zu »untersuchen«. Nur so können Sie mögliche Krankheitsanzeichen frühzeitig feststellen und gegebenenfalls vom Tierarzt behandeln lassen.

Krallen: Überprüfen Sie die Krallen der Meerschweinchen wöchentlich.Wenn die Krallen zu lang werden, liegt das oft an einem zu weichen Bodenuntergrund. Zu lange Krallen verursachen dem Meerschweinchen beim Laufen große Schmerzen. Sorgen Sie deshalb dafür, dass die Tiere ihre Krallen auf einem harten Untergrund abnutzen können. Legen Sie eine oder mehrere Steinplatten in den Käfig oder das Gehege, sodass verschiedene Bodenstrukturen entstehen. Das hilft, die Krallen kurz zu halten. Sind sie dennoch zu lang, zögern Sie nicht, zum Tierarzt zu gehen. Er zeigt Ihnen, wie man die Krallen fachmännisch schneidet. Verwenden Sie zum Krallenkürzen eine spezielle Krallenzange (aus dem Zoofachhandel). Wichtig ist, dass Sie beim Schneiden nicht die Blutgefäße in der Kralle verletzen. Halten Sie die Pfote des Tieres gegen eine starke Lichtquelle, beispielsweise eine Tischlampe. So können Sie genau erkennen, wo die Blutgefäße verlaufen. Schneiden Sie die Kralle oberhalb der Blutgefäße ab. Wenn Sie die Blutgefäße trotz aller Vorsicht doch einmal verletzen sollten, drücken Sie sofort ein sauberes Papiertaschentuch auf die blutende Stelle und verschließen Sie sie vorsichtig mit einem Sprühpflaster.

Zähne: Die regelmäßige Zahninspektion ist bei Meerschweinchen Pflicht. Nützen sich die ständig wachsenden Nagezähne beim Fressen nicht genügend ab, wachsen sie nach innen. Die messerscharfen Zahnspitzen verursachen dem Meerschweinchen so große Schmerzen beim Fressen, dass es vor dem vollen Futternapf verhungern kann. Hartes Futter und Zweige zum Knabbern (→ Knabberkost, Seite 75) beugen Zahnproblemen vor. Überlange Zähne muss der Tierarzt kürzen.

Augen, Ohren und Nase: Verklebungen und Verschmutzungen an Augen, Ohren oder Nase werden mit Hilfe eines feuch-

So eine Transportbox ist ideal, um das Tier zum Tierarzt zu bringen.

ten und angewärmten Tuches gereinigt. Das beliebte Hausmittel der Kamillelösung ist für Meerschweinchen nicht geeignet. Kamille verursacht Haarausfall bei den Tieren. Achtung! Starke und ständig auftretende Verklebungen von Augen, Ohren und Nase sind häufig die ersten Symptome einer ernsthaften Erkrankung. Zögern Sie deshalb nicht, solch ein Meerschweinchen dem Tierarzt vorzustellen.

After: Verklebungen am After sind meist ein ernsthaftes Krankheitsanzeichen. Wenn das Meerschweinchen an Durchfall leidet, kann es sich Darmparasiten zugezogen haben, an einer Infektionskrankheit leiden oder Zahnprobleme haben. Auch eine falsche Ernährung oder Vitamin-C-Mangel können die Ursache sein. Verklebungen werden mit einem feuchten, angewärmten Tuch gesäubert. Bieten Sie dem Meerschweinchen gutes Heu an. Kontrollieren Sie sein Gewicht (→ Gewichtskontrolle, Seite 86). Stellt sich jedoch innerhalb von zwei Tagen keine deutliche Besserung ein, müssen Sie das Meerschweinchen dem Tierarzt vorstellen. Durchfall kann für solch ein kleines Tier wie ein Meerschweinchen schnell zum Todesurteil werden.

WUSSTEN SIE SCHON, DASS ...

... Meerschweinchen ihr Fell wechseln?

Im Frühjahr und Herbst wechseln Meerschweinchen gewöhnlich ihr Fell. Im Frühjahr bekommen sie das dünnere Sommerfell, im Herbst das dickere Winterfell. Sehr gut beobachten können Sie dies, wenn Ihre Tiere von Frühjahr bis Herbst in einem Freigehege leben. In dieser Zeit ist es also ganz normal, wenn Ihre Meerschweinchen an Haarausfall leiden. Meerschweinchen, die ausschließlich in der Wohnung gehalten werden, können durch die konstanten Zimmertemperaturen das ganze Jahr über Haare verlieren. Auch trächtige Weibchen verlieren am Ende der Schwangerschaft und während der Säugezeit häufig Haare, vor allem im Bauch und Brustbereich. Das vorsichtige Bürsten – mit einer weichen Naturhaarbürste – hilft, abgestorbene Haare zu entfernen. Die meisten Meerschweinchen genießen das Bürsten, weil es ihnen das Gefühl einer wunderbaren und wohltuenden Massage gibt.

Dürfen Meeerschweinchen baden?

Meerschweinchen sind eher wasserscheu und erkälten sich leicht. (→ Gewichtskontrolle, Seite 86). Nur im Notfall, bei Durchfall oder zur Befreiung von Parasiten ist ein Bad bzw. eher eine

Dusche angesagt (→ Seite 88). Dazu das Tier unter einen sanften Strahl lauwarmes Wasser setzen, bis das Fell an allen Stellen nass ist. Wahrscheinlich verfällt das Meerschweinchen in eine Art Schreckstarre und lässt alles widerstandslos über sich ergehen. Es kann aber auch passieren, dass es sich heftig wehrt. Achten Sie darauf, dass kein Wasser in Augen, Nase oder Mäulchen dringt. Nach dem Bad das Tier mit einem angewärmten Handtuch vorsichtig abtrocknen und eventuell fönen. Tiere, die ganzjährig im Freigehege leben, erst wieder nach draußen lassen, wenn das Fell völlig trocken ist. Das kann mehrere Stunden dauern. Regenduschen im Freigehege sind hingegen für Meerschweinchen eine Wohltat. Sie befreien das Fell von Staub und Schmutz und massieren die Haut. Wenn die Meerschweinchen genug haben, suchen sie von selbst das Schutzhäuschen auf. Meine Bande genießt den Regen ungemein.

Braucht das Fell eine besondere Pflege?

Glatthaar- und Rosettenmeerschweinchen brauchen bei der Fellpflege kaum die Hilfe des Menschen. Nur langhaarige Rassetiere können ihr dichtes Fell nicht alleine sauber halten. In der Natur hätten solche Tiere kaum eine Chance zu überleben.

Fellpflege leicht gemacht: Langhaarige Meerschweinchen müssen mehrmals pro Woche gekämmt und gebürstet werden. Dazu das Tier am besten auf den Tisch oder den Schoß setzen. Legen Sie ein angewärmtes Handtuch unter, das empfindet das Meerschweinchen als angenehm. Fahren Sie mit der Hand von hinten über das gesamte Fell des Tieres. Ertasten Sie dabei eventuelle Hautveränderungen oder verfilzte Fellstellen. Benutzen Sie für die Fellpflege eine weiche Bürste und einen weitzinkigen Kamm. Zunächst wird das Fell gekämmt. Anschließend wird gebürstet, bis das Fell glänzt. Besonders die hinteren Körperpartien verschmutzen leicht. Hier verfangen sich Heuteilchen und Kletten, wenn Ihre Meerschweinchen im Freigehege leben.

Filzknoten entfernen: Zerteilen Sie den Haarknoten zuerst mit den Fingern in kleine Partien. Dann sollten Sie versuchen, den Knoten mit Hilfe eines Stielkammes oder einer Stricknadel aufzulösen. Gelingt das nicht, hilft nur der Einsatz eines Trennmessers (aus dem Zoofachhandel). Gerade im Sommer sollten Sie Ihren langhaarigen Meerschweinchen einen Kurzhaarschnitt verpassen. So ersparen Sie Ihren Tieren das schmerzhafte Ausbürsten und Sie beugen auch Infektionen und Parasitenbesiedelung, die sich gern an solch verfilzten Partien im Haarkleid festsetzen, vor. Flächige verfilzte Fellpartien müssen Sie unbedingt von einem Tierarzt begutachten lassen und das Tier eventuell fachgerecht scheren lassen.

Wie pflegen sich Meerschweinchen?

Wer seinen Meerschweinchenclan beobachtet, dem fällt auf, dass sie sich nie gegenseitig das Fell putzen. Bei ihrer Körperreinigung sind sie auf sich selbst angewiesen und bekommen keine Hilfe von anderen Rudelmitgliedern, wie z. B. Mäuse oder Ratten. Es gibt also keine gegenseitige – oder wie es in Fachkreisen heißt – soziale Fellpflege.

1 **Das Gewicht** gibt Auskunft über die Gesundheit. Stellen Sie die Waage nie auf den Tisch, sondern besser auf den Boden. Wenn das Tier in Panik gerät, kann es sich beim Sturz vom Tisch schwer verletzen.

2 **Kontrollieren Sie** regelmäßig die Krallen des Tieres. Zu lange Krallen behindern die Tiere beim Laufen und fügen ihnen Schmerzen zu. Sind die Krallen zu lang, müssen sie fachmännisch gekürzt werden.

3 **Regelmäßige Zahnkontrolle** gehört unbedingt zur Pflege eines Meerschweinchens. Bekommen die Tiere zu wenig Nagematerial, werden die Zähne zu lang und behindern sie beim Fressen.

4 **Bei langhaarigen** Meerschweinchen ist die regelmäßige Fellpflege mit Kamm und Bürste für die Hygiene unerlässlich. Glatthaarige Tiere brauchen solch eine Pflege allerdings nicht.

Meerschweinchen sind reinliche Tiere, die sich immer wieder während des Tages putzen.
Je schmutziger sie sind, desto häufiger reinigen sie sich. Das Putzen verläuft nach einem mehr oder weniger festen Ritual. Zuerst hebt das Meerschweinchen eine oder beide Vorderpfoten an den Mund, beleckt sie und führt sie rasch über Mund, Nase, weiteres Gesicht und die Ohren. Dann beleckt es Flanken und Rücken, zuletzt den Bauch und die Genitalregion. Reicht die Zunge nicht aus, um den Schmutz zu entfernen, setzen sie die Zähne ein und beknabbern die verschmutzte Stelle. Mit dem Hinterfuß kratzt das Tier sich den Schmutz vom Kopf. Aber Vorsicht: Putzen dient nicht immer der Reinigung. Viele Tiere putzen oder kratzen sich, wenn sie in Konflikt geraten. Sie können sich beispielsweise nicht entscheiden, ob sie den Gegner angreifen oder vor ihm fliehen sollen. Dieses Verhalten nennen die Verhaltensforscher Übersprungsverhalten. Auch bei Meerschweinchen haben wir dieses Verhalten festgestellt.
Sie putzten sich, wenn sie bei einer Lernaufgabe vor zwei Alternativen gestellt wurden oder wenn sie nicht wussten, ob sie den Gegner attackieren bzw. besser flüchten sollen.
Auch wir Menschen verhalten uns in Konfliktsituationen ähnlich. Wir kratzen uns beispielsweise am Kopf oder wir »spielen« mit dem Kugelschreiber in unserer Hand.

MEIN HEIMTIER

Hält Ihr Meerschweinchen sein Gewicht?

Das Gewicht des Meerschweinchens sagt viel über seine Gesundheit und über sein Wohlbefinden aus. Gewichtsverluste können Ursache einer Krankheit und zu hohem Stress sein. Stress kann sich aber auch in einer Zunahme des Gewichts ausdrücken.

Der Test beginnt:

Wiegen Sie Ihr Meerschweinchen im Behälter einer Küchenwaage, die Sie auf den Boden stellen. Legen Sie eine Tabelle mit Messwerten an. Notieren Sie das Anfangsgewicht des Tieres. Bleibt das Gewicht konstant oder verändert es sich? Als Daumenregel gilt: Verliert das Meerschweinchen innerhalb von drei Tagen mehr als 10% seines Gesamtgewichts, sollten Sie prüfen, ob in der Gruppe alles in Ordnung ist oder den Tierarzt aufsuchen.

Mein Testergebnis:

Häufige Krankheiten

Meerschweinchen sind nicht krankheitsanfällig, vorausgesetzt, sie werden artgerecht gehalten. Die meisten Erkrankungen entspringen Haltungsfehlern. Natürlich können Sie auch ein bereits krankes Tier erworben haben. Hier die häufigsten Krankheiten.

MEERSCHWEINCHEN werden selten krank. Wenn Sie Ihre Tiere täglich genau beobachten, fallen Ihnen Veränderungen frühzeitig auf. Zögern Sie dann nicht, sofort mit dem kranken Meerschweinchen zum Tierarzt zu gehen. Meerschweinchen haben, wie alle Kleintiere, eine hohe Stoffwechselrate und Krankheitserreger können sich schnell ausbreiten. Selbst leichte Infektionen sind dann oft lebensgefährlich.

Krankheitsanzeichen erkennen

Folgende Anzeichen können bei Ihrem Meerschweinchen auf eine Krankheit hindeuten:

- Es frisst und trinkt deutlich weniger als normal.
- Es hat in den letzten vier Wochen an Gewicht verloren.
- Es atmet schwer und flach. Der Atem geht ihm sehr schnell aus.
- Es hat ständig Ausfluss aus Augen und/oder Nase.
- Es kratzt sich auffallend häufig, hat Haarausfall oder Kahlstellen im Fell.
- Es hat anhaltende Verdauungsprobleme und Durchfall.
- Es sitzt apathisch im Käfig. Meine Empfehlung: Messen Sie die Körpertemperatur des Meerschweinchens. Der Normwert ist bei erwachsenen Tieren 37,9 bis 39,7 Grad. Verwenden Sie ein Digital-Thermometer zum Fiebermessen, weil die Werte hier besser abzulesen sind. Reiben Sie die Spitze des Thermometers mit ein wenig Hautcreme ein und schieben Sie es vorsichtig in den After.

Hinweis: Beim ersten Anzeichen einer Krankheit sollten Sie den kleinen Patienten in einen Einzelkäfig oder eine Transportbox umsetzen. Das verhindert die Ansteckung der anderen Meerschweinchen und erleichtert die Beobachtung.

Sicherer Transport

Für den Transport zum Tierarzt setzen Sie das Meerschweinchen am besten in eine Transportbox aus Kunststoff (aus dem Zoofachhandel). Eine Hand voll Einstreu aus Käfig oder Gehege gibt dem Tier Sicherheit.

Hauterkrankungen

Erkrankungen der Haut können vielfache Ursachen haben. Häufig sind es Parasiten, die direkt die Haut befallen. Man nennt sie Ektoparasiten. Aber auch Stoffwechselstörungen der inneren Organe oder Parasiten, die im Organismus leben (= Endoparasiten) können die Ursache von Hauterkrankungen sein. Der Befall von Ektoparasiten ist oft auf Haltungs- und Ernährungsfehler zurückzuführen. Die häufigsten Ektoparasiten sind Milben, Haarlinge und Pilze.

Milben

Sie sind gefährliche Zeitgenossen für unsere Meerschweinchen. Milben gehören zu den Spinnentieren und können sich wie z. B. die Räudemilbe (*Trixacarus caviae*) in die Haut bohren. Die Meerschweinchen versuchen sich durch Kratzen zu wehren. Leider meist vergeblich. Ihre Haut bildet Schuppen und verkrustete Kratzwunden. Gehen Sie sofort zum Tierarzt, weil starker Milbenbefall zum Tode des Tieres führen kann. Nicht ganz so gefährlich ist die Pelzmilbe. Sie klammert sich an die Haare und lebt von den Hautausscheidungen. Man findet sie bei Meerschweinchen ausschließlich an den hinteren Rückenpartien und an den Außenseiten der Oberschenkel.

Mögliche Ursachen: Milbenbefall deutet häufig auf eine verminderte Immunabwehr des Tieres hin. Sie sollten also die Haltungsbedingungen überprüfen: Haben Sie eine richtige Gruppenzusammensetzung vorgenommen? Ist der Käfig zu klein? Ist die Ernährung der Tiere zu einseitig?

Behandlung: Der Tierarzt verabreicht den Tierchen meist eine Spritze gegen diese Parasiten. Die Behandlung wird in der Regel in einem Abstand von sieben bis zehn Tagen wiederholt. Versäumen Sie den zweiten Termin nicht, auch wenn Sie den Eindruck haben, Ihrem Meerschweinchen geht es besser. Die Parasiten sind hartnäckig und manche überleben bei einer einmaligen Behandlung. Bei chronischen Fällen verschreibt der Tierarzt ein Shampoo, mit dem das Tier gebadet wird.

Wird ein Bad nötig, setze ich das Tier in einen Eimer mit lauwarmem Wasser. Das Tier steht auf den Hinterbeinen, während ich es zur Unterstützung mit der linken Hand unterhalb der Vorderpfoten umfasse. Der Kopf ragt aus dem Wasser. Die Kopfpartien reibe ich vorsichtig mit Shampoolösung ein. Es darf kein Shampoo in die Augen kommen. Achten Sie darauf, wie lange das Bad dauern soll. Ein zu viel und zu wenig kann schädlich für das Tier sein. Nach dem Bad trocknen Sie das Tier sorgfältig mit einem weichen Tuch ab und schützen es vor Zugluft. Nun kommt leider Arbeit auf Sie zu. Der Käfig und die Umgebung ist während der Behandlung häufiger zu reinigen und zu desinfizieren. Fragen Sie den Tierarzt, wie häufig Sie ihn reinigen sollen, welches Desinfektionsmittel Sie verwenden können und ob das Meerschweinchen ins Freie darf. Manche Tierärzte empfehlen auch, die Tiere zu scheren, damit die Abheilung schneller geht. Meine Tiere wurden glücklicherweise noch nie von

TIPP

Den richtigen Tierarzt finden

Es ist nicht immer einfach, einen Spezialist für Kleintiere, zu denen ja Meerschweinchen gehören, zu finden. Fragen Sie ungeniert danach, ob der Tierarzt sich mit diesen Tieren auskennt. Nehmen Sie mit anderen Meerschweinchen-Haltern Kontakt auf. Fragen Sie im Tierheim nach einem Kleintier-Spezialist.

Richtig hochheben: von unten die Brust des Tieres umfassen, mit der anderen Hand das Hinterteil stützen.

diesen Milben befallen, aber ein Scheren macht Sinn. Ein Vitamincocktail in Form eines Multivitaminpräparates und einer erhöhten Gabe von Vitamin C wird empfohlen, um das Abwehrsystem (Immunsystem) zu stärken. Das ist die medizinische Seite.

Hinweis: Benutzen Sie bei medizinischen Bädern Einmal-Handschuhe.

Haarlinge

Die Mini-Insekten bohren sich nicht wie Flöhe und Läuse in die Haut, sondern sie leben auf den Haaren ihrer Wirtstiere. Sie besitzen drei Beinpaare und nicht vier wie die Milben und ihr Körper ist in Kopf, Brust und Hinterleib geteilt. Haarlinge reizen die Haut und kleben ihre Nissen (Eier) an die Fellhaare des Meerschweinchens. Die Haarlinge werden etwa zwei bis drei Monate alt und fressen meist Hautschuppen und Hautabsonderungen, wie z. B. Drüsensekrete. Haarlinge kann man schon mit der Handlupe erkennen.

Mögliche Ursachen: Leider treten diese Parasiten relativ häufig auf, sodass neu dazugekaufte Tiere schon befallen sein können und Ihre Meerschweinchen anstecken. Aber auch Gegenstände wie Bürste und Einstreu können befallen sein. Um sicherzugehen, sollten Sie die Diagnose dem Tierarzt überlassen.

Behandlung: Der Tierarzt gibt Ihnen ein Pulver oder Spray, mit dem Sie das Tier behandeln können und erklärt Ihnen, was Sie bei der Behandlung beachten müssen. Um die Haarlinge loszuwerden, müssen Sie auch die Umgebung der Tiere mitbehandeln.

Alle Gegenstände, mit denen die Tiere in Kontakt kommen, müssen so oft wie möglich (mindestens zweimal wöchentlich) gereinigt werden. Selbst das Schlafhäuschen darf nicht verschont bleiben.
Hinweis: Haare, die besonders stark befallen sind, würde ich abschneiden.

Flöhe

Unter Flöhen leiden unsere Meerschweinchen weniger als Hunde, Katzen und Kaninchen, weil es keine wirtsspezifischen Meerschweinchenflöhe gibt. Das heißt aber nicht, dass sich die Flöhe anderer Tierarten nicht auf dem Meerschweinchenpelz wohl fühlen. Selbst Menschenflöhe springen auf das Meerschweinchen.
Behandlung: Lassen Sie sich vom Tierarzt ein wirksames Flohmittel geben. Vergessen Sie nicht, auch die Umgebung damit zu behandeln.

Hautpilze

Hautpilze befallen auch Menschen und sind nicht leicht zu behandeln. Bei Meerschweinchen handelt es sich ebenfalls um hartnäckige Erkrankungen.
Das fällt auf: Die Symptome beim Meerschweinchen sind starker Juckreiz, verbunden mit Kratzen und Beißen und kreisrunder Haarausfall.
Behandlung: Zögern Sie nicht, den Tierarzt aufzusuchen, denn Pilze sind auf den Menschen übertragbar. Nur der Tierarzt ist im Stande, eine exakte Diagnose zu stellen, indem er eine Pilzkultur anlegt.
Hinweis: Lassen Sie sich nicht durch die Werbung verführen, indem Sie den Parasiten selbst mit angepriesenen Sprays und Lösungen zu Leibe rücken. Fachgerechte Behandlung ist besser und und letzendlich billiger.

Erkrankungen der Ohren

Pilze, Milben, aber auch Bakterien können den äußeren Gehörgang befallen. Es kommt dann zu Entzündungen.
Das fällt auf: Der Gehörgang ist gerötet. Oft befindet sich ein braunes oder schwarzes Sekret darin. Das Meerschweinchen ist unruhig, schüttelt häufig den Kopf und versucht, sich zu kratzen. Mehr zu schaffen macht den kleinen Nagern eine Mittelohrentzündung. Sie wird meist durch Bakterien hervorgerufen. Bei einer Mittelohrentzündung sind die Tiere apathisch, fressen nicht und haben Fieber.
Behandlung: Nur durch den Tierarzt!

Augenerkrankungen

Sie sind bei Meerschweinchen relativ selten. Am häufigsten kommt es zu Entzündungen der Bindehäute, Augenlider, Lidränder und Tränendrüsen, denn sie sind relativ ungeschützt. Obwohl Meerschweinchen große Augen haben, besitzen sie keine Nickhaut wie viele andere Tiere, die das Auge vor Schmutz- und Staubpartikeln schützt.
Das fällt auf: Die akute Bindehautentzündung äußert sich in einer starken Rötung und Schwellung der Bindehäute und Absonderung von dickflüssiger Tränenflüssigkeit.
Mögliche Ursachen: Zugluft, Fremdkörper im Auge, Parasiten, aber auch Allergene wie Blütenstaub.
Behandlung: Augensalbe, die vom Tierarzt verordnet wird.

Lippengrind

Ursache: Entsteht durch eine Resistenzschwäche der Haut. Mikroverletzungen

1 **Tränende** und entzündete Augen reinigen Sie vorsichtig mit Hilfe eines angefeuchteten weichen Tuches.

2 **Verschmutzte** und verklebte After werden ebenfalls mit einem feuchten Tuch gereinigt. Eine verschmutzt Analregion kann ein Krankheitsanzeichen sein.

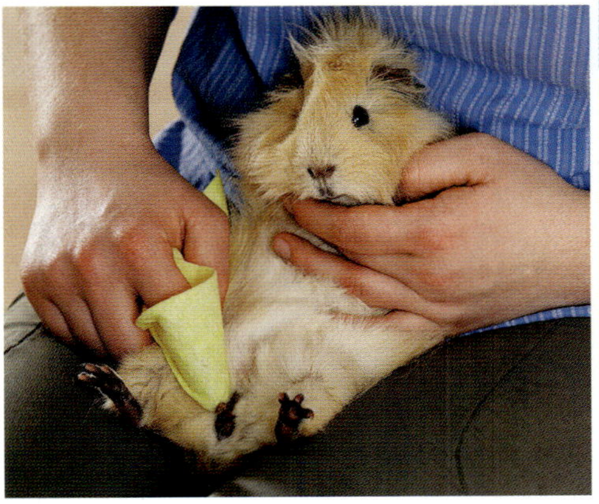

3 **Reinigen** Sie nur die Ohrmuschel vorsichtig. Vermeiden Sie jedoch unbedingt, mit dem Tuch in den Gehörgang zu dringen.

verursachen Risse in der Haut, in die sich Bakterien und Pilze ansiedeln. Die Erkrankung wird dadurch unterstützt, dass die Tiere zu wenig ungesättigte Fettsäuren, Vitamin A und C zu fressen bekommen.
Das fällt auf: Mundwinkel und Lippen sind gerötet und verschorft.
Behandlung: Der Tierarzt verabreicht eine Salbe und Sie sollten einen Vitamincocktail geben (→ Seite 72).

Ballenentzündungen

Sie erweisen sich meist als außerordentlich hartnäckig und langwierig.
Das fällt auf: Die Sohlenballen sind entzündet und in besonders schweren Fällen können sie bluten und eitern. Die Tiere vermeiden, mit den entzündeten Ballen aufzutreten.
Mögliche Ursache: Leider sind oft Fehler in der Fütterung und Haltung die Ursache. Leberverfettung und ein Mangel an ungesättigten Fettsäuren können dafür verantwortlich sein. Kalte, feuchte Böden sowie Bewegungsmangel führen ebenfalls häufig dazu, dass sich die Sohlenballen entzünden. Besonders dicke Tier leiden häufig darunter.
Behandlung: Nur der Tierarzt kann in diesem Fall helfen.

Durchfall

Anhaltender Durchfall kann für Meerschweinchen sehr gefährlich werden.
Das fällt auf: Der Kot ist weicher, klebriger und wässriger als normal. Analregion und Hinterbeine sind mit Kot verschmutzt. Das Tier fühlt sich unwohl und hebt auffällig das Hinterteil.

Tierarztbesuch: Ein guter Arzt geht behutsam mit dem Tier um und nimmt sich Zeit für die Diagnose. Er erklärt Ihnen genau, welche Krankheit Ihr Pflegling hat.

Mögliche Ursachen: Häufig sind verdorbenes Futter oder Trinkwasser, das mit Krankheitserregern, z. B. Salmonellen oder Pasteurellen, verseucht ist, dafür verantwortlich. Aber auch unverträgliches Frischfutter ist nicht als Ursache auszuschließen.

Behandlung: Verfüttern Sie kein Frischfutter mehr, sondern ausschließlich Heu, Knäckebrot und leicht gesüßten Kamillentee. Ich setze den Patienten in einen Extrakäfig oder eine große Transportbox, um Ansteckungen zu vermeiden und um ihn besser unter Kontrolle zu haben. Ist der Durchfall in zwei Tagen nicht verschwunden, sollten Sie unbedingt einen Tierarzt aufsuchen. Den Käfig mit heißem Wasser, und nach Rücksprache mit dem Tierarzt, mit einer Desinfektionslösung reinigen.

Verstopfung

Das fällt auf: Die Kotbällchen hängen aneinander, sind trocken, klein und mit Schleim überzogen. Die Tiere haben keinen Appetit und verhalten sich recht apathisch.

Mögliche Ursachen: Das Waserangebot ist nicht ausreichend und dadurch trinken die Meerschweinchen zu wenig. Eine andere Möglichkeit ist, dass das Futter zu stärkereich ist und zu wenig Rohfaseranteil enthält. Bewegungsmangel oder eine Zahnanomalie können auch zur Verstopfung führen.

Behandlung: Empfohlen wird, das Tier auf eine warme, nicht zu heiße Wärmeflasche zu setzen und kurze Zeit später den Bauch zu massieren. Dazu mit zwei Fingern die linke und rechte Bauchseite mit sanft kreisenden Bewegungen massieren. Hält die Verstopfung länger als ein Tag an, müssen Sie unbedingt mit dem Tier den Tierarzt aufsuchen.

Hitzschlag

Tod durch Hitzschlag ist eine große Gefahr für unsere Kuscheltiere und wird von vielen Haltern unterschätzt. Wir Menschen können uns die Gefahr nur schwer vorstellen, weil wir mit großer Hitze leicht fertig werden, indem wir schwitzen. Die Verdunstungskälte des Schweißes kühlt unser Blut. Meerschweinchen können aber nicht schwitzen, selbst Hecheln wie die Hunde können sie nicht. Sie werden also die Wärme nicht los und heizen sich wie ein Ofen auf. Die einzige Möglichkeit, die sie haben, der Hitze zu entgehen, ist die Flucht in den Schatten. Für die Schwergewichtigen unter ihnen ist das Problem noch größer. Die Überhitzungsgefahr beginnt bei etwa 28 Grad und bei einer Luftfeuchtigkeit von 70%. Besonders beim Transport im Auto kann sich im Sommer der Innenraum schnell aufheizen.

Das fällt auf: Die Tiere sind apathisch, legen sich auf die Seite und atmen stoßweise. Ihre Schleimhäute laufen blau an.

Behandlung: Bei Verdacht auf Hitzschlag bringen Sie das Tier sofort in den Schatten und kühlen seine Füße, indem Sie es in eine flachen Schüssel mit kaltem Wasser stellen. Zur Unterstützung können Sie dem Meerschweinchen auch kühle Luft zufächeln oder mit einem Fön (mit abgestellter Heizspirale) Luft zublasen. Hat sich das Meerschweinchen erholt, muss es trinken können.

Vorbeugung: Der Käfig sollte nicht in einem zu warmen stickigen Raum stehen. Im Freigehege muss es immer Schatten geben.

Erkältungen

Meerschweinchen erkranken im Gegensatz zum Menschen relativ selten an Erkältungen.

Ursachen: Zugluft und kalte Steinböden fördern die Krankheit.

Das fällt auf: Das Tier niest, die Nase kann laufen und beim Atmen hört man Pfeifgeräusche.

Behandlung: Ich empfehle eine Infrarotbestrahlung. Die Wärmelampe hilft bei leichter Erkältung und regt Stoff-

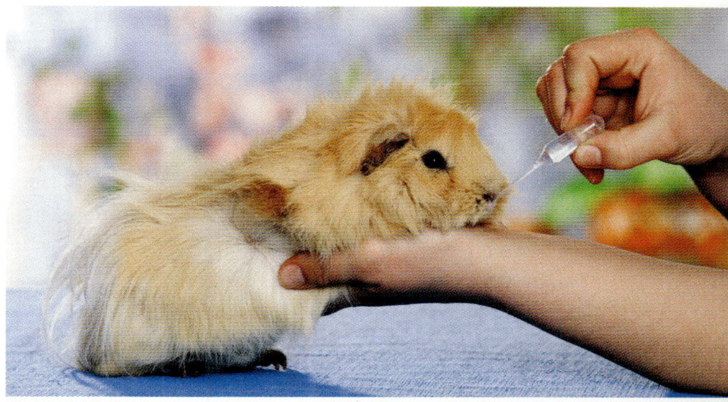

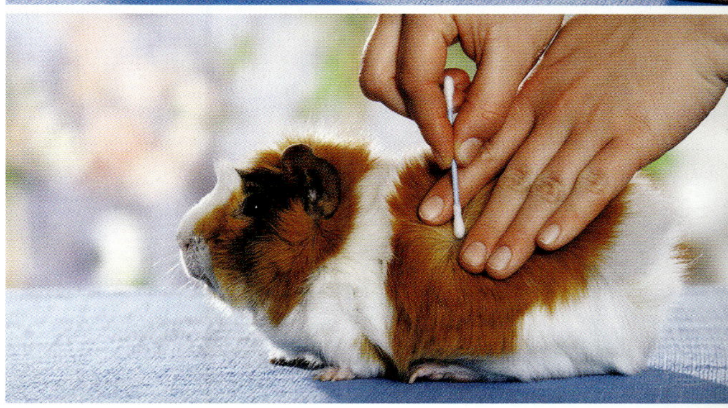

Medikamente verabreichen

1 **Flüssige Medizin** verabreichen Sie Ihrem Meerschweinchen am besten mit Hilfe einer Pipette. Dabei wird die Flüssigkeit seitlich ins Mäulchen geben.

2 **Ein Wattestäbchen** ist hilfreich beim Auftragen einer Salbe auf die Haut. Lassen Sie sich vom Tierarzt zeigen, wie Sie das jeweilige Medikament bei Ihrem Tier anwenden müssen.

wechsel und Durchblutung an. Die Lampe darf nur eine Käfigseite ausleuchten, damit das Meerschweinchen die Wärmezone verlassen kann. Selbstverständlich darf die Lampe nicht zu nahe am Käfig platziert werden. Überhitzungsgefahr! Ist die Erkältung hartnäckig, müssen Sie unbedingt den Tierarzt aufsuchen.

Abszesse und Tumore

Wenn Sie bei Ihrem Meerschweinchen Schwellungen z. B. im Kopf-, Hals-, Schulter- und Rückenbereich ertasten, erschrecken Sie nicht gleich, denn viele Tumore und Abzesse sind harmlos und nicht bösartig.
Mögliche Ursachen: Die Ursache ist häufig unklar und hat in der Regel nichts mit der Haltung zu tun.
Behandlung: Die richtige Diagnose und eine entsprechende Therapie kann nur durch den Tierarzt erfolgen. Er wird meist eine chirurgische Entfernung vorschlagen.

Fliegenmaden

Kürzlich erreichte mich der Brief einer Leserin, deren Meerschweinchen im Außengehege von Fliegenmaden befallen wurde und das einen grausamen Tod sterben musste.
Ursache: Im Sommer legen Fliegen ihre Eier an verschmutzten, feuchten und verletzten Stellen des Tieres ab. Das kann beispielsweise der kotverschmierte After sein oder auch eine kleine Wunde, die Sie vielleicht gar nicht bemerkt haben. Die Fliegeneier entwickeln sich innerhalb von Stunden zu Maden, die z. B. durch den After in den Körper des Meerschweinchens wandern und das Tier buchstäblich von innen auffressen. Der Tierarzt kann in diesem Fall das Tier nur noch einschläfern.
Vorbeugung: Sauberkeit im Gehege ist eine Grundvoraussetzung. Untersuchen Sie Ihre Tiere im Sommer am besten täglich auf Madenbefall. Entdecken Sie auch nur eine Made, dann sollten Sie sofort den Tierarzt informieren.

Ein krankes Meerschweinchen benötigt viel Ruhe und genaue Beobachtung. Mehrmals täglich sollten Sie nach ihm sehen und Atmung sowie Aktivität kontrollieren.

Interesse verloren

Unsere beiden Kinder interessieren sich überhaupt nicht mehr für ihre beiden Meerschweinchen. Sie vernachlässigen die Tiere kolossal. Sie weigern sich auch, den Käfig sauber zu machen. Am liebsten würden wir die Meerschweinchen ins Tierheim bringen.

LEIDER KOMMT ES GAR NICHT SO SELTEN vor, dass Kinder ganz oder zeitweise das Interesse an ihrem Tier verlieren. Schuld daran sind oft andere Aktivitäten, z. B. sich öfters mit Freunden treffen. Dennoch sollten Sie es wenigstens versuchen, die Meerschweinchen Ihren Kinder wieder näher zu bringen. Erst, wenn gar nichts mehr fruchtet, ist es an der Zeit, einen guten Pflegeplatz für die Tiere zu suchen oder sie notfalls ins Tierheim zu bringen.

Im Gespräch bleiben

Versuchen Sie, Ihren Kindern klar zu machen, wie nötig die Tiere ihre vertraute Umgebung brauchen und wie sehr sie leiden, wenn sie von »einer Hand zur anderen« wandern. Suchen Sie einleuchtende Vergleiche beispielsweise, indem Sie Ihren Kindern vor Augen halten, wie sie sich selbst fühlen würden, müssten sie aus ihrem gewohnten Zuhause ausziehen. Erzählen Sie eine spannende Tatsache aus dem Meerschweinchen-Leben. Etwa, dass die Tiere ein sehr interessantes Sozialverhalten haben (→ Seite 17) oder, dass Meerschweinchenkinder fast fix und fertig auf die Welt kommen. Machen Sie zusammen mit Ihren Kindern einen oder mehrere, der in diesem Buch beschriebenen, »Mein-Heimtier-Tests«. Werten Sie mit Ihren Kindern die Ergebnisse Ihrer gemeinsamen Beobachtungen aus. Sprechen Sie mit der Biologielehrerin oder dem -lehrer, ob sie oder er nicht einmal einen »Heimtiertag« einrichten kann, der die Kinder dazu animiert, ein kleines Referat über ihr Heimtier zu halten. Vielleicht gestatten Sie Ihren Kindern auch, sich im Internet mit anderen Meeerschweinchen-Haltern auszutauschen. Im Internet gibt es viele interessante Homepages und Foren zum Thema »Meerschweinchen«.

Feste Regeln

Führen Sie feste Regeln ein, wer sich wann um die Pflege der Meerschweinchen zu kümmern hat. Machen Sie gemeinsam mit den Kindern einen Wochenplan für alle anfallenden Arbeiten unter Berücksichtigung des Tagesplanes Ihrer Kinder. Natürlich müssen Sie alles konsequent kontrollieren, damit es den Tieren gut geht. Halten Sie sich dabei aber im Hintergrund, so dass die Kinder als verantwortliche »Pfleger« im Vordergrund stehen. Sparen Sie nicht mit Lob, wenn die Kinder ihre Aufgaben, gemäß der Absprache, gut erfüllt haben. Viel Erfolg, dass einer der Vorschläge das Interesse wieder entfacht.

Beschäftigung und Wellness

Das Leben kann auch für Meerschweinchen als Heimtiere sehr spannend sein, vorausgesetzt, Sie bieten Ihren Tieren Freilauf und ein Unterhaltungsprogramm gegen Langeweile.

Körperlich und geistig fit bleiben

Ohne Anregung und Beschäftigung verkümmern wir – nicht anders geht es oft auch Meerschweinchen, die als Heimtiere gehalten werden. Zwar kann der Artgenosse helfen, die Zeit zu vertreiben, doch das allein genügt nicht. Forden und fördern Sie Ihre Tiere.

»WER RASTET, DER ROSTET.« Dieses Sprichwort gilt im übertragenen Sinn auch für Tiere. Die wenigsten Tierarten können sich in der freien Natur Müßiggang erlauben. Dies trifft in verschärftem Maße für Fluchttiere wie Meerschweinchen zu. Die Natur diktiert ihnen, immer auf der Hut zu sein, um nicht gefressen zu werden. Ihr Verhaltensrepertoire scheint eingegrenzt zu sein. Sie sind scheu und ängstlich. Für Spielereien bleibt keine Zeit, geschweige denn, dass sie viel zu gefährlich sind.

Spielen Meerschweinchen?

Meerschweinchen gehören sicherlich nicht zu den »Top-Spielern« unter den Tieren. Im Vergleich zu Hunden und Katzen spielen sie wenig. Aber dennoch spielen vor allem junge Meerschweinchen und sogar ältere Tiere habe ich beim Spielen beobachtet. Eine Ausnahme bilden die kastrierten Tiere. Sie entpuppen sich als leidenschaftliche Spieler. Sie sind nicht so sehr in das Alltagsleben der Gruppe eingebunden und haben mehr »Freizeit«, weil sie sich weder um Partnerwahl noch um Aufzucht kümmern müssen. Warum ist Spielen eigentlich für Mensch und Tier so wichtig? Spielen ist ein Training für den späteren Ernstfall. Das gilt insbesondere für Tiere, die nicht mit einem fertigen Instinktprogramm das Licht der Welt erblicken, sondern erst durch Lernen ihre Umwelt erfahren. Allgemein gilt: Umso höher und komplexer ein Gehirn entwickelt ist, desto mehr muss ein Tier in seiner Jugendphase spielen. In dieser Zeitspanne lernt es, die Geschicklichkeit, die Kräfte und die Gruppenmitglieder einzuschätzen. Die meisten Tierarten spielen aber nur in ihrer Kindheit und Jugend im Schutz ihrer Eltern. Für ältere Tiere ist diese Beschäftigung viel zu riskant. Denn im Spiel vergisst man

Meerschweinchen sind schlau: Mit etwas Geduld können sie kleine Tricks erlernen.

Die Beschäftigung mit Ihren Meerschweinchen **fördert die Bindung** zwischen den Tieren und Ihnen. Nehmen Sie sich deshalb Zeit für ein gemeinsames »Spiel«.

sich und seine Umwelt und kann leicht zur Beute werden, so wie etwa junge Meerschweinchen, die aus Lust und Tollerei Luftsprünge veranstalten und dabei Kapriolen und Haken in die Luft schlagen. Aber diese Geschicklichkeitsübung ist für den kleinen Nager nötig, um später vor seinem Feind zu fliehen. Die Youngsters spielen auch gern »Fang mich«. Mit wechselnden Rollen von Jägern und Gejagten verfolgt man sich bis zur Erschöpfung, um dann eng aneinander gekuschelt auszuruhen. Bei vielen Rudeltieren sind Kampfspiele an der Tagesordnung. Meerschweinchen kennen solche Spiele nicht. Ihr Gruppenverhalten basiert offensichtlich auf einem anderen Lehrplan. Erst kürzlich wiesen Verhaltensforscher nach, dass fast alle Tiere in menschlicher Obhut viel länger spielen, als ihre wilden Verwandten. In Spiellaune sind Meerschweinchen besonders am Morgen und am Abend.

Für ein Leckerli geht's sportlich ab übers Häuschen.

Zahme junge Meerschweinchen hopsen und jagen sich gern. In den Spielpausen lassen sie sich sogar von Ihnen kraulen. Vertraute Geräusche wie Quieken und Gurren machen Meerschweinchen sicher und verleiten zum Spielen (→ Seite 118).

Es darf nicht langweilig werden

Das Leben in der Natur ist mit dem Leben in der menschlichen Obhut nicht zu vergleichen. Bei uns Menschen haben Meerschweinchen keine Feinde und die ewige Suche nach Nahrung entfällt auch. Was bleibt, ist viel Zeit. Einzeln gehaltene Meerschweinchen wissen damit nichts anzufangen und langweilen sich in manchen Fällen buchstäblich zu Tode. In der Gruppe lebende Tiere haben es da schon besser. Sie können mit ihrem oder ihren Partnern kommunizieren. Aber das reicht meines Erachtens noch lange nicht aus. Als Ersatz für ein Leben in der Natur müssen Tiere in der menschlichen Obhut ausgiebig beschäftigt werden. Die Beschäftigung kann unterschiedlichster Art sein: vom Futter verstecken bis hin zu Knobelaufgaben. Natürlich lassen sich nicht alle Tierarten über einen Kamm scheren. Ihre Begabungen und geistigen Fähigkeiten unterscheiden sich sehr. Durch ihr schreckhaftes und scheues Verhalten wurden Meerschweinchen jedoch oft verkannt. Sie gelten als lieb, aber dumm. Nimmt man ihnen die natürliche Angst, stellt man fest, dass dies ein Vorurteil ist. Meerschweinchen gehen gern auf Entdeckungsreise. Sie beschnuppern alles, was ihnen vor die Nase und zwischen die Füße kommt. Jeder Gegenstand wird mit den Nagezähnen bearbeitet und eine erhöhte Liegefläche dient ihnen dazu, die Umgebung zu beobachten. Mit viel Liebe kann man ihnen auch kleine Kunststücke beibringen. Manche Menschen schlagen die Hände über dem Kopf zusammen, wenn man sie auffordert, ihren Tieren etwas beizubringen. Für sie ist dies eine Vergewaltigung der Natur und des Geschöpfes. Aber das Gegenteil ist der Fall. Bis auf wenige Ausnahmen im Tierreich gehört Lernen zum Leben. Bei Meerschweinchen hat man festgestellt, dass ihre Nervenzellen im Gehirn viel mehr Verknüpfungen aufbauen, wenn sie in einer spannenden Umwelt leben. Die Verschaltungen im Gehirn werden komplexer und damit effizienter. Meerschweinchen sollte man fördern und fordern. Das trägt zu ihrem Wohlbefinden bei.

Gute Voraussetzungen schaffen

Grundsätzlich gilt: Meerschweinchen brauchen ein entspanntes Umfeld. Was heißt das? Üben Sie nicht mit Ihrem Tierchen, wenn in der näheren Umgebung laute Geräusche mit hoher Frequenz wahrzunehmen sind (z. B. Bauarbeiten). Die Geräusche flößen Meerschweinchen Angst ein. Vermeiden Sie zu grelles Licht. Strafen ist verboten, nur die Belohnung macht's. Meerschweinchen sind durch einen Leckerbissen leicht zu verführen. Wir haben sie oft verführt und immer hatten sie Spaß daran. Die kleinen Nager sind aufmerksamer, wenn man ihnen alleine etwas beibringt. Die Gruppe lenkt sie zu sehr ab. Mit neun bis zehn Monaten lernen Meerschweinchen besonders schnell. Das war eine riesige Überraschung für uns, denn im Vergleich zu anderen Tieren mit höheren Alterserwartungen wie etwa Hund und Katze ist dies relativ spät. Jüngere Tiere sind

WUSSTEN SIE SCHON, DASS ...

... Meerschweinchen verkannt werden?

Meerschweinchen lernen nur dann gut, wenn die Bedingungen stimmen. Unter Angst und Stress verweigern sie die Mitarbeit. Wissenschaftler waren erstaunt, dass sie im Test genauso gut abschnitten wie die als sehr intelligent geltenden Ratten. Versteckte man den Meerschweinchen Futter an verschiedenen Plätzen und gab ihnen an unterschiedlichen Stellen mehr oder weniger Futter, lernten sie schnell, dorthin zu laufen.

Fitness-Parcours

1 **Solch ein Knabberbaum** hält fit. Um an die begehrten Leckerbissen zu kommen, muss sich das Meerschweinchen ausgiebig recken und strecken.

2 **In das Fitnessprogramm** gehören auch Geschicklichkeitsübungen wie hier das Balancieren auf der Wippe.

3 **Der Parcours aus Ästen** ist gut für die schlanke Linie. Diese Übung ist nicht leicht für ein Meerschweinchen.

noch zu scheu. In ihrer gewohnten Umgebung lernen die Tiere leichter. Hier fühlen sie sich sicher und sind bereit, Neues aufzunehmen. Alles geht wie von selbst, wenn die Duftnote stimmt. Reiben Sie sich vor jeder Dressurübung die Hände mit Käfigstreu ein. Manche dieser struppigen Vierbeiner konnten es bei unseren Experimenten gar nicht erwarten, immer wieder eine Aufgabe zu lösen. Seitdem weiß ich, wie wichtig Beschäftigung für Meerschweinchen ist. In der Praxis hat man in aller Regel leider nicht immer so viel Zeit, sich intensiv mit den kleinen Gesellen zu beschäftigen. Aber ein Abenteuerspielplatz sowie ein abwechlungsreich eingerichteter »Laufstall« (→ Seite 39) oder ein attraktiv gestaltetes Freigehege hilft auf jeden Fall, der Langeweile entgegenzuwirken. Das hält die Tiere geistig und körperlich fit. Ihrer Fantasie ist bei der Ausstattung von »Laufstall« und Freigehege kaum eine Grenze gesetzt. Es gibt viele Möglichkeiten, Ihren Tieren Abwechlung zu bieten (→ Seite 103).

Was Meerschweinchen leicht lernen

Die kleinen Nager können beispielsweise Stimmen leicht unterscheiden.

Stimmen erkennen: Wir haben es getestet – ganz einfach und unwissenschaftlich. Vier Personen riefen meine Bande. Bei mir kamen sie sofort angerannt und holten sich die Karotte. Bei meinem Freund zögerten sie erst ein wenig und kamen dann, bei den beiden Kindern – die schon längst außer Haus leben – kamen sie gar nicht. Die Stimme meiner Frau erkannten sie sofort. Wir testeten dies noch an anderen Gruppen, immer mit dem gleichen Ergebnis. Dieses Ergebnis deckt sich auch mit den Beobachtungen vieler Meerschweinchen-Halter. Das geht sogar so weit, dass die Meerschweinchen vor Freude quieken, wenn das bekannte Auto anfährt.

Ein kleines »Kunststück«: Meine Meerschweinchen lernten beispielsweise bei einem tiefen Ton in die rechte Ecke des Käfigs zu laufen und bei einem hel-

leren in die linke. Wie erreichen Sie das? Ganz einfach. Wenn das Meerschweinchen beim tiefen Ton nach rechts läuft bekommt es ein kleines Karottenstück, irrt es sich, bekommt es nichts. Nach einigen Fehlversuchen hat es die Aufgabe gelernt. Kein Meister ist vom Himmel gefallen, auch Meerschweinchen nicht. Probieren Sie diese kleine »Dressurübung« immer mal wieder. Eines Tages »sitzt« das kleine »Kunststück«.

Namen lernen: Oft werde ich gefragt, ob Meerschweinchen ihren Namen lernen können. Da bin ich mir – offen gestanden – nicht ganz sicher, obwohl ich jedem meiner Tiere einzeln seinen Namen lehrte. So kann es klappen: Setzen Sie Ihren kleinen Schüler vor sich auf den Boden, zeigen Sie die Belohnung (beispielsweise eine Karotte) in Ihrer Hand und rufen Sie ihn beim Namen. Ein zahmes Tier wird dieser Versuchung kaum widerstehen und herbeigeeilt kommen. Wiederholen Sie die Aktion mehrmals und machen Sie schließlich die Nagelprobe ohne Karotte – rufen Sie nur den Namen. Freudig und artig kommt das Meerschweinchen angetrabt. Aber das ist noch kein Grund zum Jubeln. Denn man weiß noch nicht, ob es die Laute oder den Namen gelernt hat. Dagegen spricht: Wenn ich einen von meiner Bande rief, kamen meist alle. Ab und zu hatte ich zwar den Eindruck, dass der Gerufene schneller reagierte, aber wissenschaftlich sauber getestet habe ich es nicht.

TIPP

Leicht zu reinigen!

Selbst gebaute oder gekaufte Beschäftigungsgegenstände müssen leicht zu reinigen sein, denn Meerschweinchen verschmutzen sie schnell mit Urin und Kot. Achten Sie darauf, dass Sie die Gegenstände von Zeit zu Zeit problemlos unter heißem Wasser abschrubben können. Anschließend alles gut trocknen.

Gute Orientierung: Meerschweinchen lernen schnell, sich in Gängen zurechtzufinden. Wir bauten ihnen aus Brettern oder Backsteinen ein Y-förmiges Gangsystem. Die beiden Gänge – die beiden Schenkel des Y – unterschieden sich. Der eine Gang war dunkel, der andere hell. Wir beklebten die Wände des einen Gangs mit schwarzem und den andern mit weißem Papier. Die Aufgabe der Meerschweinchen bestand darin, sich am Ende des hellen Ganges eine Belohnung abzuholen. Nach vier bis fünf Versuchen hatten es die Tiere gelernt, dass es nur im hellen Gang Futter gibt. Kein Problem, auch dann nicht, wenn wir die Gänge vertauschten. Die Meerschweinchen haben schnell gelernt: Futter gibt es nur im hellen Gang, gleich, wohin er führt. Eine kleine Geschichte illustriert, wie clever Meerschweinchen sind. Ein Kandidat wählt den dunklen Gang und bemerkte seinen Irrtum erst auf halber Wegstrecke. Kurzerhand sprang er über die Wand in den anderen Gang und holte sich seine Belohnung. Sie können das Gangsystem auch zu einem Labyrinth erweitern, Meerschweinchen finden sich darin ohne große Mühe zurecht. In unseren Experimenten fanden sie in einem schwierigen Labyrinth ohne sich zu verlaufen sofort den Ausgang.

Tasten drücken: Meerschweinchen lernen auch, farbige Tasten zu bedienen, beispielsweise die Tasten eines kleinen Spielzeug-Keybords (aus dem Spielwarenhandel). Und wie bringt man das seinem Meerschweinchen bei?
Ganz einfach: Legen Sie ein Stück Karotte auf die Taste, es nähert sich flugs der Taste und drückt sie zufällig herunter. Das wiederholt man ein paar Mal. Nun wird aus dem Zufall Absicht. Man legt keine Karotte mehr auf die Taste, sondern wartet so lange, bis das Tier ungeduldig die Taste drückt. In dem Moment geben Sie ihm die Karotte. Nach ein paar Mal hat das Tier den Zusammenhang – Taste drücken und Futter bekommen – begriffen.
Wir waren erstaunt, wie schnell dies die Meerschweinchen gelernt hatten. Sie waren nicht langsamer, als die als intelligent geltenden Ratten. Unser Experiment sollte eigentlich die Voraussetzung dafür schaffen, ob Meerschweinchen Farben sehen. Doch auch ihr Gedächtnis beeindruckte uns stark. Selbst nach mehr als einem Jahr wussten sie noch, wie man die Tasten bedient und Versuchsschalter drückt, um das Gewünschte zu bekommen. Meerschweinchen sind also alles andere als dumm.

Kletterpartie im Gartenfreigehege – das macht Spaß. Naturmaterialien wie Steine, Zweige und Wurzeln sind eine willkommene Abwechslung.

Formen erkennen: Meerschweinchen lernen auch relativ schnell, einen Kreis von einem Viereck und Dreieck zu unterscheiden. Es funktioniert immer nach der gleichen Methode. Das Tier erhält nur eine Belohnung, wenn es zum Futternapf geht, wo ein Kreis, Viereck oder Dreieck – z. B. mit einem schwarzen Stift – darauf gemalt ist.

Abwechslung im Meerschweinchen-Alltag

Beschäftigung ist alles im Leben von Meerschweinchen, die als Heimtiere bei uns Menschen leben. Deshalb hier einige praxiserprobte Anregungen. Die bekannte Tierfotografin und Autorin Monika Wegler hat für ihre Meerschweinchen einen Knabberbaum, eine Treppe, eine Wippe und einen kleinen Parcours entwickelt. Bis auf die Treppe bestehen alle dieser sehr empfehlenswerten »Fitnessgeräte« aus naturbelassenem Holz, so dass die Tiere auch gefahrlos daran knabbern können. Versuchen Sie sich doch einmal als geschickter Bastler. Ihre Meerschweinchen werden es Ihnen danken.

Der Knabberbaum

Der Knabberbaum regt dazu an, dass sich Ihre Meerschweinchen das Futter erarbeiten müssen. Er ist ganz leicht nachzubauen (→ Foto, Seite 100).
Sie brauchen: Eine etwa 30 cm lange Astgabel mit Rinde oder ein Vierkantholz mit einem Durchmesser von etwa 15 cm, eine runde oder viereckige Bodenplatte aus Sperrholz mit einem Durchmesser von etwa 40 cm, 2–3 lange Holzschrauben, einen Holzbohrer.
So wird's gemacht: Bohren Sie in den oberen Teil der Astgabel oder des Vier-

CHECKLISTE

Gefahrenquellen

Meerschweinchen brauchen viel Bewegung. Deshalb ist der tägliche Freilauf ein Muss. Beseitigen Sie jedoch vorher eventuelle Gefahrenquellen bzw. lassen Sie die nötige Vorsicht walten.

- ○ Spitze Gegenstände, wie Nadeln oder Reißnägel, nicht herumliegen lassen.
- ○ Scharfe Gegenstände, wie beispielsweise Messer, wegräumen.
- ○ Giftige Zimmerpflanzen außer Reichweite stellen (→ Seite 75). Wenn das Tier daran knabbert, kann es sich vergiften.
- ○ Türen vorsichtig öffnen und schließen, um kein Tier einzuklemmen.
- ○ Das Tier nicht auf den Tisch setzen.
- ○ Darauf achten, dass man nicht versehentlich auf ein Tier tritt.
- ○ Putzmittel unter Verschluss halten.
- ○ Elektrokabel unerreichbar für das Tier verlegen, z. B. unter den Teppich oder unter Leisten.
- ○ Balkonbrüstungen z. B. mit Maschendraht oder einem Katzennetz sichern.
- ○ Meerschweinchen bekommen leicht einen Hitzschlag, deshalb stets für Schattenplätze sorgen (→ Seite 92).

Können Meerschweinchen Personen unterscheiden?

Meerschweinchen können verschiedene Laute, Töne und Stimmen und vermutlich auch Gesichter von Menschen unterscheiden. Machen Sie einen kleinen Test, um das herauszufinden.

Der Test beginnt:

Für den Test müssen Sie zu zweit sein. Die andere Person sollte dem Meerschweinchen bekannt sein. Nun stellen Sie sich an die entgegengesetzten Ecken des Freigeheges. Beide Personen rufen das Meerschweinchen, aber nur eine Person gibt dem Tier ein Stück Karotte. Am Anfang läuft es natürlich zu Ihnen. Beim ersten Mal füttern Sie es, um es nicht zu enttäuschen, aber dann füttert nur noch Ihr Partner. Vertauschen sie ab und zu die Plätze.

Mein Testergebnis:

kantholzes Löcher in verschiedener Höhe (ab 12 cm Höhe). Dann Astgabel oder Vierkantholz auf die Bodenplatte schauben – fertig ist der Knabberbaum. Bestücken Sie nun den Knabberbaum mit verschiedenen gesunden Leckerbissen, wie beispielsweise Karotten, Petersilie und Löwenzahn. Sie werden sehen, wie begeistert sich Ihre Lieblinge danach recken und strecken.

Wippe

Sie trainiert den Gleichgewichtssinn Ihrer Kuscheltiere. Wichtig ist, dass sich die Wippe beim Darüberlaufen langsam nach unten bewegt. Natürlich motiviert hier – wie immer – ein Leckerbissen besonders. Auch dieses »Fitnessgerät« ist leicht nachzubauen (→ Foto, Seite 101).

Sie brauchen: Einen Baumstamm von etwa 16 cm Länge und einem Durchmesser von ungefähr 12 cm, ein etwa 2 cm dickes Brett mit einer Breite von 14 cm und einer Länge von etwa 65 cm, 9 dünne Ästchen je 14 cm lang, 2 lange Holz-Schrauben und für jedes Ästchen je 2 kleine Schrauben, Säge und einen Schraubenzieher.

So wird's gemacht: Schrauben Sie die Ästchen in einem Abstand von etwa 5 cm auf den »Laufsteg«. Sie dienen dazu, dass die Meerschweinchen beim Darüberlaufen nicht abrutschen. Dann den Baumstamm etwa zu einem Drittel der Länge nach absägen. Schrauben Sie nun den »Laufsteg« auf den abgeflachten Baumstamm. Und schon ist die kleine Wippe fertig.

Fitness-Parcours

Bewegung ist für Meerschweinchen wichtig. Deshalb hier die Beschreibung eines Fitness-Parcours (→ Foto, Seite 101).

Sie brauchen: Ein Brett als Bodenplatte mit den Maßen: 70 cm lang, 14 cm breit, 4 Aststücke mit einem Durchmesser von ungefähr 4 cm und 24 cm hoch; Holzschrauben, Schraubenzieher.

So wird's gemacht: Verschrauben Sie die Aststücke einfach in einem Abstand von etwa 13 cm mit der Bodenplatte. Somit ist der Parcours schon geschaffen. Locken Sie jetzt Ihr Meerschweinchen mit Leckerbissen wie etwa einem Petersilienstängel durch den Slalom-Lauf.

»Himmelsstürmer«

Eine Treppe aus Ytong-Steinen (aus dem Baumarkt) hält in Trab und dient gleichzeitig als Aussichtsturm und zum Räkeln in der Sonne (im Freigehege).

Sie brauchen: Drei Ytong-Steine mit verschiedenen Maßen. Die Grundfläche bildet ein großer Stein etwa 7cm dick, Abtönfarbe, Pinsel.

So wird's gemacht: Schneiden Sie die Steine mit Hilfe einer Säge passend zurecht. Scharfe Kanten werden mit einer Holzfeile geglättet. Da das Material bröselt, sollten Sie die Steine mit ungiftiger Abtönfarbe anmalen. Dann die Steine aufeinander legen – fertig. Achten Sie darauf, dass die Treppe standfest ist.

Weitere Beschäftigungsideen

Hürden: Meerschweinchen lernen schnell, Hürden zu nehmen, besonders, wenn auf der anderen Seite eine Belohnung lockt. Natürlich darf die Hürde nicht zu hoch sein. Für den Anfang genügt eine 10 cm hohe Hürde.

Grashöhle: Solche Höhlen gibt es im Zoofachhandel. Die Tiere können hindurchkriechen. Machen Sie die Höhle noch attraktiver, indem Sie das Innere mit z. B. mit Käfigeinstreu »einreiben«.

Futtersuche: Verteilen Sie Leckerbissen (wie Karottenstückchen) an verschiedenen Stellen im Freigehege. Die Futtersuche sorgt für Abwechslung und Fitness.

Röhrenlabyrinth: Verwenden Sie Papprollen als Barriere oder zum Hindurchlaufen. Das weckt die Neugierde der Tiere. Sie können sogar regelrechte Labyrinthe aus Papprollen anfertigen.

Den Salat in der Kugel muss sich das Meerschweinchen »erarbeiten«. Das sorgt für Unterhaltung und Fitness.

Fragen rund um Beschäftigung und Wellness

? Warum erstarren meine Meerschweinchen plötzlich ohne sichtbaren Grund?
Wenn ein Meerschweinchen unvermittelt regungslos verharrt, hat das immer eine Ursache. In der Fachsprache nennt man dieses Verhalten auch »freezing«, was so viel bedeutet wie »einfrieren«. Vermutlich hat es für uns nicht vernehmbare Geräusche gehört, die es erschreckt haben. Das Erstarren ist die typische Reaktion darauf. Meerschweinchen können vor allem hohe Töne besser hören als wir.

? Ich glaube, eines meiner Meerschweinchen ist intelligenter als das andere. Kann das sein?
In zahlreichen Lernversuchen habe ich festgestellte, dass es tatsächlich Unterschiede gibt. Mit einem pauschalen Urteil zur Intelligenz bei Tieren sollte man aber vorsichtig sein. Denn wie wir Menschen haben sie ihre Stärken auf unterschiedlichen Feldern. So lernten einige meiner Meerschweinchen schnell eine Taste zu drücken, andere wiederum entpuppten sich als wahre Meister im Labyrinth und verloren in sehr verzwickten Irrgärten nie die Orientierung. Erstaunlich und kaum zu glauben: meine kastrierten Männchen lösten manche Probleme leichter.

? Mit welchem Alter hören Meerschweinchen eigentlich auf zu spielen?
In aller Regel nimmt die Spielphase nach der Geschlechtsreife bei Tieren deutlich ab, so auch bei Meerschweinchen. Aber bei genügend Anregung spielen die Älteren bisweilen auch noch. Man hat festgestellt, dass Heimtiere länger spielen als Wildtiere. In der Natur spielen die meisten Tierarten nur in ihrer Kindheit und Jugend im Schutz ihrer Eltern. Für ältere Tiere ist diese Beschäftigung viel zu riskant. Im Spiel vergisst man sich und seine Umwelt zu leicht und kann schnell zur leichten Beute werden.

? Meine Meerschweinchen haben ein großes Freigehege. Leider nutzen sie es nicht, sondern bleiben in ihrem Häuschen!
Das ist selten und lässt vermuten, dass Ihre Tiere sich vor etwas fürchten. Das kann man testen: Stellen Sie das Gehege an einen anderen Platz und bieten Sie den Tieren spannende Beschäftigungsgegenstände, wie etwa eine Brücke zum Darüberlaufen oder ein Korkröhre zum Hindurchkriechen, an. Verstreuen Sie verschiedene Leckerbissen im Freigehege. Hängen Sie ein Sträußchen mit leckeren Kräutern so ans Gehegegitter, dass sich Ihre Meerschweinchen danach recken müssen. Widerstehen sie jetzt immer noch? Wenn ja, kann auch der Nachbarhund oder die Katze ein Grund der Angst sein.

? Ist es unnatürlich, seinem Meerschweinchen Männchen machen beizubringen?
Keinesfalls. Beschäftigung für Körper und Köpfchen tut Ihrem Tier auf jeden Fall gut. Im Prinzip wird bei einer solchen Übung – und das gilt für jede gute Dressur – sowieso nur eine bereits vorhandene Veranlagung gefördert: Das Männchen machen gehört zum ererbten Verhaltensrepertoire der Meerschweinchen. Auch in der Natur stehen sie auf den Hinterbeinen, um beispielsweise an Futter in einem Strauch zu gelangen. So lernen Ihre Meerschweinchen am schnellsten: Karotte in Nasenhöhe des Tieres halten und langsam nach oben bewegen. Das Meerschweinchen wird versuchen, den Leckerbissen zu erwischen und steht schließlich für kurze Zeit auf seinen Hinterbeinen. Wenn es funktioniert, gibt es viel Lob und natürlich die saftige Karotte zur Belohnung.

? Mein Sohn ist 8 Jahre alt und versucht sich als Tierlehrer bei seinen Meerschweinchen. Ist er zu jung dazu?
Es gibt immer wieder Kinder mit einer besonderen Begabung. Sie können sich in das Tier hineinversetzen und spüren intuitiv, was das Tier will und was es vorhat. Dadurch entsteht eine enge Beziehung, die das Lernen fördert. Meerschweinchen sind friedfertige und geduldige Tiere. Das erleichtert den Umgang und Sie müssen keine Angst haben, dass sich Ihr Sohn verletzt. Und dennoch haben Sie ein Auge auf Kind und Meerschweinchen, denn Kinder sind manchmal unbeabsichtigt grob zu Tieren. Und in diesem Augenblick wird den Meerschweinchen ihre Friedfertigkeit zum Verhängnis. Sie können ihren Unmut nicht ausdrücken, weder durch beißen noch knurren. Zur Sicherheit demonstrieren Sie Ihrem Sohn den behutsamen und zärtlichen Umgang mit den Tieren. Zeigen Sie ihm, wie man sie sicher hält und wann man ihnen eine Ruhepause gönnen muss. Hat er das begriffen, steht seiner Dressurkunst nichts im Wege.

? Meine beiden Meerschweinchen sind etwas träge und faul. Was kann ich dagegen unternehmen?
Bei Meerschweinchen gibt es, wie bei allen Tieren, unterschiedliche Temperamente. Aber zu weit darf die Faulheit nicht gehen. Sie schadet der Gesundheit der Tiere, weil zu wenig Bewegung zur Fettleibigkeit führt. Was also tun? Verführen und Verlocken Sie Ihre Tiere täglich dazu, etwas zu tun, um an leckeres Futter zu gelangen. Legen Sie das Futter auf eine kleine Anhöhe, z. B. auf eine Holzbrücke, wo die Tiere hinaufspringen oder laufen müssen oder legen Sie das Futter weit verstreut im Freigehege aus. Nach dem Motto: Ohne Fleiß keinen Preis.

Familienzuwachs in Sicht

Meerschweinchenkinder sind allerliebst und Meerschweinchen sind sehr fruchtbar. Wohin also mit all den Jungtieren? Überlegen Sie vorher genau, ob Sie genügend gute Pflegeplätze finden.

Wie Männchen und Weibchen ein Paar werden

Verantwortungsbewusste Meerschweinchen-Halter streben keine »wilde« Vermehrung ihrer Tiere an. Gesunder Meerschweinchen-Nachwuchs will geplant sein und dazu bedarf es einiger Vorbereitung. Dann steht der Geburt der Jungen nichts mehr im Weg.

DIE GESAMTE BIOLOGIE der Meerschweinchen mit Paarung, Schwangerschaft, Geburt und Aufzucht der Jungen zu erleben ist zweifelsohne hochspannend. Aber bevor Sie sich auf dieses Abenteuer einlassen, gibt es einiges zu bedenken und zu planen.

Wohin mit dem Nachwuchs?

Als Tier- und Meerschweinchenfreund liegt Ihnen bestimmt das Wohl Ihrer Tiere am Herzen. Bevor Sie als Hobbyzüchter beginnen, bedenken Sie, dass Meerschweinchen sehr viel Nachwuchs bekommen können (→ Seite 115). Viele solcher bedauernswerten Tierkinder landen häufig bei Pflegern mit unzureichenden Haltungsbedingungen. Wenn die Kleinen Glück haben, finden sie einen Platz im Tierheim, wo sie gut versorgt werden. Das Tierheim soll aber nur Übergangsstation sein und nicht das ständige Domizil. Übertragen Sie nicht Ihre Verantwortung für die Tiere auf eine Institution, die sich als Ziel gesetzt hat, in Not geratenen Tieren zu helfen. Das Tierheim ist dabei überfordert. Übernehmen Sie Verantwortung und züchten Sie nur, wenn Sie wissen, wie und wo Ihr Meerschweinchen-Nachwuchs lebt. Sollen die Meerschweinchenkinder bei Ihnen bleiben, prüfen Sie das Raumangebot. Es können auf einen Schlag drei oder vier Tiere mehr sein. Das kann nicht nur zu einem Platzproblem, sondern auch zu einem Rudelproblem werden.
Sind die jungen Meerschweinchen männlichen Geschlechts, haben sie Schwierigkeiten, sich zu integrieren. Womöglich müssen Sie die Jungen dann abgeben oder kastrieren lassen (→ Seite 115). Prüfen Sie sich genau, ob Sie sich diesen Schwierigkeiten stellen möchten. Haben Sie ein neues Zuhause für Ihren Nach-

Dieses hochträchtige Weibchen steht kurz vor der Geburt seiner Jungen. Jetzt braucht es viel Ruhe.

wuchs gefunden, so vergewissern Sie sich, dass der neue Halter die volle Verantwortung für die Schützlinge übernimmt. Es muss sicher sein, dass er nicht aus einer momentanen Laune heraus handelt oder weil der Druck seiner Kinder so groß ist. Ich persönlich gebe meine Jungtiere nur an Privat-Personen ab, weil ich dann genau weiß, wo meine Meerschweinchen leben. Die Gehege Ihren Anforderungen entspricht. Wenn ja, ist dies ein guter Platz für Ihren Meerschweinchen-Nachwuchs. Damit Sie später keinen Schock bekommen und Ihre Tiere vergeblich suchen, lassen Sie es sich schriftlich bestätigen, dass die Meerschweinchen nicht an Raubtiere verfüttert werden.

Gesunde Elterntiere

Ist der Verbleib der Kleinen geregelt, überprüfen Sie, ob die zukünftigen

WUSSTEN SIE SCHON, DASS ...

... Weibchen ein Jungfernhäutchen besitzen?

Bei vielen Tierarten ist die Scheide bis zur ersten Kopulation durch eine Membran verschlossen und bleibt dann geöffnet. Bei Meerschweinchen ist sie nur während der Brunst geöffnet und wird nachher wieder verklebt. Eine der Aufgaben des Jungfernhäutchens ist es den jungen Organismus vor dem Eindringen von Krankheitserregern zu schützen. Später ist die Gefahr nicht mehr so groß, weil Keime durch die Blutungen ausgeschwemmt werden.

Jungen im Zoofachgeschäft abzugeben, lehne ich ab. Nicht dass die Tiere es dort nicht auch gut haben könnten, aber Zoogeschäfte sind nur eine Übergangsstation. Die jungen Meerschweinchen müssen sich dann in kurzer Zeit dreimal umstellen. Sie erleben einen Wechsel von der Geburtsstätte ins Zoofachgeschäft und dann ins neue zuhause. Dies möchte ich meinen Sensibelchen ersparen. Manchmal sind kleine Tierparks dankbar für Nachwuchs. Sie brauchen Jungtiere, um Inzucht zu vermeiden. Überzeugen Sie sich, ob das Eltern für die Zucht geeignet sind. Meerschweinchenkinder in die Welt zu setzen ist mit einem hohen Energieaufwand verbunden und daher ist es unerlässlich, dass die Elterntiere gesund und munter sind.

Gewichtskontrolle: Ihr Gewicht verrät viel über ihren Gesundheitszustand. Überprüfen Sie, ob das Gewicht der Tiere über zwei, drei Wochen konstant bleibt (→ Seite 86). Männchen sollten mindestens 500 Gramm wiegen, Weibchen mindestens 700 Gramm. Für Weibchen mit Gewichtsproblemen über

Gesunder Meerschweinchen-Nachwuchs stellt sich nur mit **gesunden Elterntieren** ein. Achten Sie bei der Auswahl der Zuchttiere unbedingt darauf.

1000 Gramm ist die Schwangerschaft ein Risiko, darum würde ich nicht mit ihnen züchten.

Zuchtreife: Das richtige Alter der Meerschweinchen spielt ebenfalls eine wichtige Rolle. Lassen Sie die Weibchen erst mit fünf bis sechs Monaten decken. Beim ersten Wurf sollte das Weibchen nicht älter als acht bis zwölf Monate sein. Der zeitliche Abstand bei weiteren Geburten sollte nicht viel größer sein als sieben Monate. Gefahr des Verwachsens der Beckenknochen (→ Seite 114). Mit Männchen sollte man erst mit sechs bis sieben Monaten züchten.

Erbkrankheiten: Wie bei allen Lebewesen gibt es auch bei Meerschweinchen Erkrankungen, die im Erbgut verankert sind. Was wir werden und was wir sind ist zum größten Teil in dem Erbmolekül der Welt bekannten DNS verschlüsselt. Vergleichbar einem Computerprogramm mit einer ganz bestimmten Information. Dass unsere Hand fünf Finger besitzt ist in der DNS gespeichert. Selten gibt es Menschen mit sechs Fingern. Tritt es dennoch auf, wurde die DNS verändert und damit die Information. Sie können es mit einem Tippfehler in einem Schreibprogramm vergleichen. So wird z. B. aus dem Wort Haus eine Laus oder Maus, nur ein kleiner Buchstabe im Erbprogramm führt zu ganz großen Veränderungen. Erberkrankungen sind also Veränderungen der DNS Information und werden von Generation zu Generation weitergegeben. Bei Menschen kennt man einige Erberkrankungen, aber auch bei Meerschweinchen. Hat Ihr Meerschweinchenpaar Missbildungen, z. B. eine Zahnfehlstellung oder eine falsche Anzahl der Krallen oder anderweitige Behinderungen, sollten Sie mit diesen Tieren keinesfalls züchten.

Der Letalfaktor: Vor der Zucht mit Schimmel- bzw. Dalmatinermeerschweinchen muss ich warnen. Diese Tiere tragen in ihrem Erbgut (Genen) einen so genannten Letalfaktor. Das ist ein Gen, welches zu Missbildungen und totgeborenen Jungen führt. Um sicher zu sein, dass die Meerschweinchen dieses Gen nicht tragen, hilft nur eine Stammbaumanalyse. Treten bei Großeltern, Urgroßeltern usw. keine gehäufte Sterblichkeit und Missbildungen auf,

Diese drei Tage alten Jungtiere sehen fast schon wie erwachsene Tiere aus.

können Sie fast sicher sein, dass diese Tiere dieses Gen nicht tragen. Gute Zoofachgeschäfte und Züchter achten darauf, dass die Tiere dieses Gen nicht versteckt in sich tragen.

Vererbung: Wie werden Merkmale und Eigenschaften vererbt? Bei allen höheren Lebewesen ist die Erbinformation in den Zellen in zweifacher Ausführung vorhanden und wird von Vater und Mutter weitergegeben. Der Aufbewahrungsort für die Gene sind die Chromosomen. Sie sind Schnüren vergleichbar, die eine Knotenschrift enthalten. Die »Knotenworte« sind die Gene. Aber nicht alle Gene sind gleichwertig. Manche herrschen (dominieren) über die anderen. In unserem Fall liegt das Gen für die Fellfarbe Schimmel und der Letalfaktor auf einem Chromosom. Die Dalmatiner- bzw. Schimmelzeichnung wird dominant vererbt. Gesund ist, wer bei dieser Missbildung ein dominantes und ein schwaches (rezessives) Gen in sich trägt (mischerbig). Diese Tiere zeigen die Fellzeichnung sichtbar. Besitzen die Tiere zwei rezessive Anlagen (reinerbig), so sind sie einfarbig und gesund. Krank ist, wer das Pech hat, zwei starke (dominante) Gene in sich zu tragen. Das ist dann mit Sicherheit ein missgebildetes Tier. Also Hände weg von der Zucht von Schimmel- bzw. Dalmatinermeerschweinchen. Um zu verhindern, dass sie Nachwuchs bekommen, bleibt nur die Kastration (→ Seite 115).

Von der Kunst, auf die Welt zu kommen

Ich habe viele Meerschweinchengeburten während des Morgengrauens und in der Nacht erlebt, aber ich hatte nie den Eindruck, dass Mutter oder Kind Schwierigkeiten hatten. Das ist erstaunlich, denn Meerschweinchen kommen fast fertig auf die Welt. Sie sind vollständig behaart, besitzen ein fertiges Gebiss und können sehen. Im Vergleich zur Mutter sind sie zwar noch Leichtgewichte, aber immerhin bringen sie schon 60 bis 80 Gramm auf die Waage. Grundsätzlich gilt: je weiter ein Tierkind bei der Geburt entwickelt ist, desto schwieriger ist in der Regel die Geburt. Da haben es ihre Verwandten die Ratten und Mäuse leichter. Sie bringen blinde nackte Winzlinge zur Welt. Für die Mäuse- oder Rattenmutter beginnt jetzt die Arbeit, um die hungrigen Mäuler zu stopfen. Die Meerschweinchenmutter hat da schon das Meiste hinter sich (→ Schwangerschaft, Seite 113). Aber bis es so weit ist, kommt zuerst die Biologie zu ihrem Recht.

Balz und Paarung

Meerschweinchenmänner sind aufdringliche Liebhaber. Haben sie einmal den Duft ihrer Angebeteten in der Nase, lässt sie fast nichts von ihrem Ziel abbringen. Sind sie zu aufsässig und das

TIPP

Trächtigkeit feststellen

Vierzehn Tage nach der Kopulation ist der dicke Bauch des Weibchens nicht mehr zu übersehen, aber auch die Waage verrät, dass das Weibchen trächtig ist. Vorsicht beim Wiegen (→ Seite 86)! Sechs bis sieben Wochen vor der Geburt beginnen außerdem die Zitzen zu schwellen.

Wenn man klein ist, ist alles spannend, was man findet

Weibchen noch nicht in Stimmung, versucht es das Männchen durch Ausschlagen mit den Hinterbeinen abzuwehren. Gelingt das nicht, so hebt sie plötzlich den Hinterleib so weit wie möglich hoch und schießt einen Harnstrahl fast waagrecht nach hinten. Das ist für den Augenblick eine wirksame Abwehr-Methode.

Paarungsritual: Ist das Weibchen aber willig, so riecht er an ihrer Nase, dann nickt er meist und beschnüffelt ihre Flanke, ihren Rücken, die Kopfseite und zuletzt ihre Genitalien. In zeitlupenhaftem Tempo umkreist er das Weibchen und äußert einen tiefen Laut. Er purrt sie an. Bleibt sie sitzen, so umkreist er sie ständig und lässt in kurzen Abständen die Hoden austreten. Ist die Balz erfolgreich, versucht das Männchen aufzusteigen.

Paarung: Das Weibchen zeigt seine Bereitschaft, indem es die Hinterbeine durchstreckt und die Genitalien hochhebt. Die Paarung dauert in etwa eine Viertel- bis halbe Minute. Danach beleckt jeder seine Genitalien. Frühestens nach einer Minute Pause beginnen sie sich erneut zu paaren. Um sicher zu sein, dass nur seine Gene in die nächste Generation kommen, verschließt das Männchen die Vagina mit einem Schleimpfropf, der nach wenigen Stunden abfällt. Jetzt ist klar, dass tatsächlich er der Vater wird.

Schwangerschaft

Für mich grenzt die Schwangerschaft von durchschnittlich 68 (64 bis 72) Tagen an ein kleines Wunder. Ein paar Zahlen können dies verdeutlichen: Ein Meerschweinchenjunges wiegt bei der Geburt etwa 60 bis 80 Gramm, bei drei Kindern trägt die Mutter 180 Gramm (bei geringem Eigengewicht) mit sich. Das ist eine ungeheure Zahl. Sie entspricht ungefähr einem Drittel ihres Körpergewichts. Ein Menschenbaby wiegt etwa 5 kg; die Mutter etwa 60 kg. Dann beträgt das Verhältnis ein Zwölftel. Der Unterschied springt einem ins Auge. Was man nicht sieht, ist der enorme Anstieg des Stoffwechsels. Eine schwangere Frau benötigt z. B. ein Vielfaches an Kalk und Aufbaustoffen. Was nicht geliefert wird, holt sich das Baby von der Mutter, z. B. baut es Knochen von der Mutter ab. Bei Meerschweinchen kann ich mir den Mehrbedarf gar nicht vorstellen.

Trächtige Weibchen füttern: Während der Schwangerschaft braucht das Weibchen mindestens 20 mg/Tag Vitamin C und mehr Pellets und Frischfutter. Wie viel mehr, zeigt Ihnen die trächtige Mutter, indem sie den Futternapf sofort leer frisst. Eine genaue Angabe ist leider unmöglich, da es auf den Stoffwechsel der Mutter und die Anzahl der Kinder ankommt. Keine Angst, Sie verstehen die Signale Ihrer Tiere.

Junge ertasten: Schon nach vier Wochen Schwangerschaft kann man die Kleinen vorsichtig ertasten. Mit sieben Wochen spürt man ihre Bewegung. Aber Achtung! Nehmen Sie Ihr trächtiges Meerschweinchen nur äußerst vorsichtig in die Hand und nur dann, wenn es wirklich nötig ist. Treibt Sie die Neugier und können Sie nicht widerstehen, die Kleinen im Mutterleib zu fühlen dann empfehle ich Ihnen Folgendes: Berühren Sie vorsichtig den Bauch mit dem Zeigefinger und streicheln Sie ihn, während das Weibchen frisst.

Was das Kind im Mutterleib erlebt: Ganz genau wissen wir das noch nicht, aber dank Sylvia Kaiser vom Team Norbert Sachser sind wir dem Geheimnis einen wesentlichen Schritt näher. Ihre Entdeckung ist auch für den Halter von praktischem Nutzen. Sie fand heraus, dass Meerschweinchentöchter von Müttern, die in einer instabilen Umwelt lebten, männliche Züge zeigten. Instabile Umwelt heißt, dass die Tiere häufig die Gruppen wechselten. Die Töchter spielten sich als Macho auf und zeigten männliches Balzverhalten. So wie ihre männlichen Kollegen sind sie ihren Rudelmitgliedern gegenüber aggressiver. Um keine zickigen Weibchen zu bekommen, fragen Sie den Halter, wie und wo die trächtigen Mütter lebten.

Geburt

Das Verhalten des Weibchens verrät kaum den Geburtstermin. Viele andere Nager bauen ein Nest oder buddeln eine Höhle, was auf die Niederkunft schließen lässt. All das machen Meerschweinchen nicht. Darum brauchen Sie Ihrem trächigen Meerschweinchen auch kein speziell eingerichtetes Häuschen für die Geburt herzurichten; ein großer geräumiger Käfig genügt.

In der Tat, Meerschweinchen machen es einem nicht leicht, den Geburtstermin herauszufinden. Nur die Erweiterung des Beckengürtels lässt den ungefähren Termin erahnen und ertasten. Zwischen den Beckenknochen gibt es einen Spalt, den man Symphysenspalt nennt. Dieser Spalt wird durch Bänder zusammengehalten und kann sich bis kurz vor der Geburt auf 1,5 bis 2 cm erweitern. Diese große Erweiterung ist ziemlich einmalig im Tierreich und kann zum Verhängnis von Mutter und Kind werden. Sind Erstgebärende älter als zehn oder elf Monate kann es passieren, dass die Bänder nicht elastisch genug sind oder die Symphyse verkalkt. Das bedeutet den Tod für das Muttertier. Darum lassen Sie Ihr Meerschweinchen immer rechtzeitig decken, auf keinen Fall nach acht bis zehn Monaten (→ Seite 111).

Geburtsverlauf: Etwa 20 Minuten vor der Geburt setzen die Wehen ein. Das Weibchen presst im Hocken. Die Hinterbeine treten in Spreizstellung auf dem Boden auf. Das Junge kommt mit dem Kopf zuerst. Die Mutter zieht das Neugeborene zwischen Hinter- und Vorderbeinen unter dem Bauch hervor und befreit es von der Fruchthülle. Danach leckt sie es sauber. Ist der Vater dabei, hilft er manchmal bei der Säube-

Vom ersten Tag an fressen kleine Meerschweinchen bereits Trockenfutter.

rungsaktion mit. Nun ist es höchste Zeit, ihn von der Mutter zu trennen, denn 1,5 bis 13 Stunden nach der Geburt wird das Weibchen wieder brünstig.

Wurfgröße: Wie viel Kinder ein Meerschweinchen bekommt, hängt stark von der körperlichen Verfassung und dem Alter der Mutter ab. Im Durchschnitt sind es 3,1 Junge. Es wären noch deutlich mehr, wenn nicht 25% der Embryonen im Mutterleib sterben würden. Die toten Embryonen stellen für die Mutter keine allzu große Gefahr dar.

Hinweis: Erstgebärende bekommen meist nur ein oder zwei Kinder. Diese Schonfrist der Natur ändert sich bei den nächsten Geburten. Nicht selten werden vier und manchmal sogar mehr Tiere geboren.

Zuchtpause: Gönnen Sie Ihrem weiblichen Meerschweinchen Zuchtpausen. Das tut ihm gut. Ihr Meerschweinchen sollte nicht mehr als ein bis maximal zweimal pro Jahr Kinder bekommen. In aller Regel wird das Weibchen alle 18 Tage brünstig.

Die Kastration

Sie ist zweifellos für das Meerschweinchen ein tiefgreifender Einschnitt in sein Leben. Dem Männchen werden die Hoden entfernt und der Organismus produziert kein Männlichkeitshormon, das Testosteron, mehr. Das hat in aller Regel Auswirkungen auf das Verhalten der Männchen. Aus streitbaren Raufbolden können friedliche Rudelmitglieder werden. Aber Hauptziel der Kastration ist die Vermeidung von Nachwuchs. So kontrovers das Für und Wider der Kastration diskutiert wird, für mich ist sie legitim, um ständigen Nachwuchs zu vermeiden. Die Kastration der Weibchen – die Entfernung der Eierstöcke – ist medizinisch aufwendiger und risikoreicher als die Kastration der Männchen. Haben Sie sich entschieden, dass ihre Meerschweinchen keinen Nachwuchs bekommen sollen, dann erkundigen Sie sich nach einem erfahrenen Tierarzt, denn die Operation und die richtige Narkose verlangen Erfahrung. In aller Regel bleibt der Patient beim Tierarzt, bis er aufwacht. Später setzen Sie den Patienten in einen Käfig mit ausgelegten Handtüchern, um eine Verschmutzung der Wunde durch die Einstreu zu vermeiden. Um sicher zu sein, dass sich kein unerwünschter Nachwuchs einstellt, müssen Sie das Männchen noch sechs Wochen von seiner »Angebeteten« trennen.

Jungtiere sehen aus wie erwachsene Meerschweinchen im Miniformat. Gleich nach der Geburt »flüchten« sie aus dem Nest und erkunden die nähere Umgebung.

Entwicklung der Jungen

Junge Meerschweinchen kommen fast fix und fertig auf die Welt. Dennoch müssen auch sie erst lernen, sich im Leben zurechtzufinden. Dies zu unterstützen und zu beobachten, macht die Aufzucht der Jungen ganz besonders interessant.

MEERSCHWEINCHEN gelten als Rabenmütter, aber das täuscht und ist so falsch wie die Bezeichnung selbst, denn Rabenmütter machen alles für ihren Nachwuchs. Sie kümmern sich liebevoll um ihre Kinder. Zugegeben im Vergleich zu einer Ratten- und Mäusemutter ist der Einsatz der Meerschweinchenmutter spärlich, aber das liegt daran, dass die Jungen bereits in einem hoch entwickelten Zustand geboren werden (→ Seite 112).

Die ersten vier Wochen

Gleich nach der Geburt putzen sich die kleinen Kerlchen selbst, kein Wunder, dass man selten sieht, wie die Mutter sie ableckt. Die Jungen werden bis zum 19. oder 28. Tag gesäugt.

Die Mutter hat zwei Zitzen im Bereich der Leistengegend. Viel zu wenig könnte man denken, wenn beispielsweise vier Meerschweinchen geboren werden. Zwei sind immer die Verlierer. Aber bei Meerschweinchen spielt dies keine große Rolle, da sie schon am ersten Tag feste Nahrung aufnehmen. Während zwei an Mutters Brust nuckeln, verzehren die anderen ihr erstes Grün. Ganz ideal ist es, wenn andere Mütter des gleichen Rudels zur etwa gleichen Zeit Nachwuchs bekommen. Dann haben die Kleinen freie Zitzenwahl. Sind die Zitzen der Mutter besetzt, versucht man sein Glück nebenan bei der Tante. Das geht natürlich nur, weil Meerschweinchenmütter fremde Kinder saugen lassen. Das gilt jedoch nur für Kinder des eigenen Clans. Kinder von Müttern eines anderen Rudels werden verjagt. Selbst dann, wenn man die Kleinen mit dem Stallgeruch einreibt. Scheinbar können die Mütter die Jungen des eigenen Rudels und die eines fremden genau unterscheiden.

Nach etwa 21 bis 30 Tagen wird die »Milchbar« der Mutter geschlossen. Das Junge wiegt jetzt etwa 160 Gramm und ist nun auf sich selbst gestellt. Bei der Mutter versiegt zu diesem Zeitpunkt der Milchfluss.

TIPP

Die Familie trennen

Weibchen werden bereits zwischen drei und fünf Wochen geschlechtsreif, Männchen mit sieben bis acht Wochen. Trennen Sie deshalb sowohl Elterntiere als auch Geschwister rechtzeitig voneinander, um weiteren Nachwuchs zu vermeiden. Die Kastration des Männchens schafft Abhilfe (→ Seite 115).

Ist die Tier-Mutter zahm, gestattet sie das Anfassen der Jungtiere.

Die »Halbstarken«

Was macht der Nachwuchs zwischen Geburt und Selbstständigwerden? Was alle Kinder tun, sie spielen. Beliebtestes Spiel ist das Hüpfen und Hakenschlagen. Das Jungtier springt entweder in kurzen, übertrieben hohen Sätzen durch den Raum oder sogar senkrecht in die Luft.
Die Geschwister untereinander haben einen engen Kontakt. Sie versichern sich des anderen durch Stimmfühlungslaute. Gleichaltrige Junge bilden richtige Banden, die stets nahe zusammenbleiben und auch dicht aneinander gedrängt schlafen und ruhen. Stellt man den Nachwuchs vor die Wahl, sich zwischen Mutter oder Gruppe zu entscheiden, ziehen sie das Rudel vor.
Und was macht die Mutter in dieser Zeit? Sie hat immer ein Auge auf ihre Kinder. Quieken die Jungen, kommt sie angerannt. Angstschreie lösen bei ihr Alarm aus. Sie lässt alles liegen und stehen und rennt zu ihrem Kind. Sie boxt dann sogar Männchen weg, welche die Kinder belästigen. Die beiden Verhaltensforscher Peter und Irene Kunkel beobachteten, wie eine Mutter einen Goldhamster wegboxte, als er eines der Jungen biss. Eine Selbstverständlichkeit würde man meinen, aber nicht so bei Meerschweinchen. Die kleinen Nager haben eine Beißhemmung gegenüber artfremden Tieren. Das ist ein Ergebnis jahrhundertelanger Zucht. Ihre wilden Vettern jedenfalls beißen, und das nicht zu knapp.
Mutter und Kind hängen aneinander. Nach längerer Trennung begrüßen Mutter und Kind einander, indem sie sich ausgiebig an ihren Nasen beriechen. Meerschweinchen haben eine kurze Kindheit. Vom Kind zum erwachsenen Tier vergehen nur wenige Wochen.
Geschlechtsreife: Die Geschlechtsreife des Männchens setzt zwischen der 6. und 10. Woche ein und mit 2,5 Monaten sind sie schon zuchtreif. Die Weibchen erleben ihren ersten Eisprung schon nach vier Wochen und ihre erste Paarung sollte spätestens im 12. Monat stattfinden (→ Seite 111).

Meerschweinchen per Hand aufziehen

Meerschweinchen mit der Hand aufzuziehen ist im Vergleich zu anderen Tierarten leicht, weil sie schon fast vollständig entwickelt sind und schon kurz nach der Geburt selbstständig fressen. Aber dennoch benötigen die Jungen in der ersten Lebenswoche einen Muttermilchersatz. Als Milchersatz wird folgende Zusammensetzung empfohlen: 700 g Kuhmilch; 50 g Eigelb; 150 g Sahne mit 30% Fett; 50 g Sonnenblu-

Die Entwicklung der Jungen auf einen Blick

Artgenossen

Schon in den ersten Stunden seines Lebens sind Artgenossen für ein Meerschweinchen von großer Bedeutung. Sie geben ihm Sicherheit und die Kleinen lernen sofort die Regeln des Rudels kennen.

Die ersten Stunden

Nachdem die Mutter das Kleine aus der Fruchthülle befreit und trocken geleckt hat, geht das Meerschweinchenkind bereits auf erste Erkundungstouren. Alle seine Sinne sind jetzt bereits schon voll entwickelt.

Mutter und Kind

Zwischen Mutter und Kindern besteht eine innige Beziehung. Durch Stimmfühlungslaute teilen sie sich gegenseitig ihren Aufenthaltsort mit. Ist die Mutter zu weit weg, macht sich das Kleine durch Quieken bemerkbar.

Alleine fressen

Obwohl die Kleinen noch bei der Mutter trinken, fressen sie schon alles selbstständig. Muttermilch alleine reicht nicht aus, um den Energiebedarf der Jungtiere zu decken.

Spielen

Schon kurz nach der Geburt spielen junge Meerschweinchen ausgiebig. Eines ihrer Lieblingsspiele ist das Hüpfen in die Luft. So trainieren sie ihre Muskeln und die Geschicklichkeit.

menöl; 20g Vitamin-Mineralstoffmischung und etwas Vitamin C. Geben Sie den Kleinen am besten zwei- bis dreimal täglich den Muttermilchersatz. Je nach Hunger gibt man ihnen 5 bis 20 Gramm. Diese energiereiche Flüssignahrung ist wichtig, denn das Kleine leistet schon viel. Es kann sich schon uneingeschränkt bewegen und die Körpertemperatur konstant auf etwa 38 Grad heizen. Um sich unnötig Arbeit zu ersparen, teilen Sie eine größere in mehrere kleine Portionen auf und frieren Sie den Vorrat ein. Bei Bedarf erwärmen Sie die Einzelportion auf Körpertemperatur und füttern das Junge damit.

Hinweis: Leider kann man keine reine Kuhmilch verabreichen, da deren Zusammensetzung zu verschieden von der Muttermilch eines Meerschweinchens ist. Meerschweinchenmilchersatz gibt es auch leider noch nicht fertig im Zoofachhandel zu kaufen.

Wie füttert man das Junge?

Meerschweinchen trinken schon wenige Stunden nach der Geburt aus einer flachen Schale. Aber Meerschweinchen sind auch in diesem jungen Alter oftmals Individualisten und einige von ihnen verweigern die Schale. Was tun? Übrig bleibt in diesem Notfall nur eine Art Zwangsernährung mit der Pipette. Solch eine Pipette kann man im Zoofachgeschäft oder einer Apotheke erwerben. Bei der Fütterung gehen Sie sorgsam vor. Am besten Sie füttern

MEIN HEIMTIER

Sind Meerschweinchenmütter Rabenmütter?

Meerschweinchenkinder kommen fast fertig auf die Welt. Bedeutet dies, dass die Mutter sich kaum um ihre Jungen kümmert? Überprüfen Sie doch einmal die Mutterliebe der Meerschweinchen.

Der Test beginnt:

Notieren Sie alle Verhaltensweisen von Mutter und Kind innerhalb einer Stunde. Beobachten Sie, wie lange Mutter und Kinder zusammen sind, wie häufig sie die Jungen ableckt und ob sie eines der Jungen bevorzugt. Nehmen Sie ein Junges aus dem Käfig und protokollieren Sie, ob die beiden sich rufen. Und – sind Sie nun enttäuscht oder eher überrascht, was Meerschweinchenmütter alles für ihren Nachwuchs tun?

Mein Testergebnis:

Mit sechs Wochen können die kleinen Meerschweinchen in vertrauensvolle Hände vermittelt werden.

zu zweit. Eine Person hält das Junge und die andere flößt ihm vorsichtig und in kleinen Schlucken die Milch ein. So ist die Gefahr des Verschluckens gebannt.

Zeit für die Abgabe

Darüber streiten sich oft die Geister. Die eine Partei plädiert für einen frühen Termin – etwa eine Woche nach der Geburt, um die Jungen schnell an sich zu gewöhnen. Die andere, zu der auch ich gehöre, bevorzugen einen späteren Zeitpunkt für die Abgabe. Die Kindheit spielt im Leben eines Meerschweinchens eine große Rolle. Hier lernt es die Regeln des Rudels und wie es sich in der Gruppe verhalten muss. Kurz, es erfährt eine Selbsteinschätzung seiner Rolle (→ Seite 19). Diese Erfahrung, davon bin ich überzeugt, trägt zum Wohlbefinden des Tieres bei. Ich gebe die Tiere erst zwei Wochen, nachdem sie keine Muttermilch mehr trinken, ab. Damit habe ich gute Erfahrungen gemacht. Vielleicht sind solche Tiere etwas schwerer zu zähmen, aber der Vorteil überwiegt. Keines meiner Tiere ist anfällig für Verhaltensstörungen. Beschäftigen Sie sich intensiv mit dem Nachwuchs. Ich zähme die Kleinen schon während sie im Rudel leben. Ich bringe ihnen bei, Leckerbissen aus der Hand zu fressen, gewöhne sie an menschlichen Geruch und die Stimme, indem ich sie pro Tag vier- bis fünfmal auf den Arm nehme, sie streichele und mit ihnen spreche. Dieser Austausch von Zärtlichkeit sollte nicht länger als fünf bis sieben Minuten dauern.

8.

Was tun, wenn es Probleme gibt?

Auch bei der Haltung der friedlichen Meerschweinchen kann es Schwierigkeiten geben. Meist sind Probleme auf den falschen Umgang mit den Tieren oder auf Haltungsfehler zurückzuführen.

Haltungsprobleme richtig lösen

Wenn Sie sich ausführlich über das Wesen und die Bedürfnisse von Meerschweinchen informiert haben, kann eigentlich nicht viel schief gehen. Aber manchmal steht man doch plötzlich vor einem Problem. Wie es zu lösen ist, können Sie hier nachlesen.

SPÄTESTENS IN DIESEM KAPITEL zeigt es sich, warum Meerschweinchen zu den beliebtesten Heimtieren gehören. Die meisten Probleme, die bei der Haltung auftreten, lassen sich mit etwas Verständnis und Liebe für die Tiere im Handumdrehen lösen. Mir sind wenige Tierarten bekannt, die so robust gegen Verhaltensstörungen sind. Ihre Achillessehne ist ihre Anfälligkeit auf Stress und die Zusammensetzung des Rudels. Eine Welt ganz ohne Probleme gibt es eben auch bei Meerschweinchen nicht.

Der Meerschweinchen-Partner ist gestorben

Auch bei Meerschweinchen kann der Partner frühzeitig sterben. Leben die Tiere in einem kleinen Rudel, ist dies kein allzu großes Problem, in einer Zweierbeziehung allerdings schon. Unsere Kuscheltiere sind Persönlichkeiten mit Gefühlen. Was sie genau empfinden, weiß ich nicht, aber ihr Verhalten lässt Vermutungen zu. Der Zurückgebliebene ist apathisch und kommt weniger häufig auf Zuruf angetrabt. Man hat den Eindruck, er trauert oder zumindest fehlt ihm sein Partner. Was tun? Für mich gibt es keine Zweifel, was in diesem Fall zu tun ist. Ich besorge ihm sofort einen neuen Partner. Sie dürfen jetzt natürlich keine Wunder erwarten. Die beiden brauchen Zeit, um sich aneinander zu gewöhnen (→ Artgenossen sind wichtig, Seite 20). Für den Neuling ist alles fremd, sowohl Umgebung als auch Partner. Der Vereinsamte hat es leichter. Er muss sich nur an den Neuling gewöhnen. Ich empfehle Ihnen, ein junges Meerschweinchen zu dem Hinterbliebenen zu setzen, weil es sich leichter anpasst. Selbst wenn der Altersunterschied groß ist.

Hinweis: Aber auch andere Alternativen sind möglich (→ Seite 20). Nur eine

Alleinsein ist für kein Meerschweinchen schön. Wenn der Artgenosse stirbt, ist sein Partner einsam.

◂ *Gerade einmal vier Tage alt ist dieser kleine Wuschel. Neugierig erkundet er seine kleine Welt.*

nicht: Das hinterbliebene Meerschweinchen alleine zu halten. Allerdings ist zu bedenken, dass nach einiger Zeit wiederum ein Tier alleine bleibt, nämlich dann, wenn das ältere stirbt. Besser ist es daher, von vornherein ein kleines Rudel zu halten.

Wenn der Käfig für die Tiere zu klein ist

Was heißt zu klein? Vom Standpunkt des Menschen ist die Frage schwer zu beantworten. Fragen wir die Tiere. Die Universität in Bern, genauer gesagt die Abteilung für Verhaltensforschung unter Leitung von Professor Tschanz, hat es getan. Sie verglichen das Verhalten von Meerschweinchen in drei unterschiedlich großen Käfigen. Die Grundflächen betrugen: 60 x 80 cm, 80 x 120 cm und 120 x 160 cm. Alle anderen Dinge, wie Anzahl der Tiere und Käfigeinrichtung, blieben konstant. Die Ergebnisse sprechen für sich und sagen viel über die innere Welt der Meerschweinchen aus.
Die kleinen Käfige wirken sich stärker auf die Männchen aus als auf die Weibchen, zumindest was das Ruheverhalten angeht. Männchen gehen sich gern aus dem Weg und legen sich in gehörigem Abstand voneinander nieder. Ein Ausweichen ist im kleinen Käfig nicht möglich. Die Folge ist, die Tiere sind aggressiver und der Kontakt unter den Männchen nimmt ab. Meerschweinchenmänner sind Distanztiere wie der berühmte Schweizer Tierpsychologe Professor Hediger feststellte – im Gegensatz zu den Weibchen, die Kontakttiere sind. Sie kuscheln gern zusammen. In dieser Hinsicht kommen Weibchen mit kleinen Käfigen besser zurecht. Aber sowohl Weibchen wie Männchen werden in den kleinen Käfigen apathisch. Sie bewegen sich kaum, nehmen untereinander weniger Kontakt auf und sind an der Umwelt wenig interessiert.

Meerschweinchen brauchen **viel Platz**. Ein zu kleiner Käfig beeinträchtigt das Wohlbefinden.

Wer Meerschweinchen lange in kleinen Käfigen hält, hat wenig Freude an ihnen. Nun stellt sich ein Problem, das man auch von anderen Tieren kennt. Bietet man den Meerschweinchen plötzlich einen größeren Auslauf oder ein Freigehege an, so bleiben sie apathisch in ihrem kleinen Käfig hocken. Solche

Mit einem leckeren Löwenzahnblatt lässt sich das Meerschweinchen leicht anlocken. ▾

Tiere müssen sehr langsam an die »besseren Verhältnisse« gewöhnt werden. Versuchen Sie das Tier mit einem Stück Karotte oder einem anderen Leckerbissen aus dem Käfig zu locken. Setzen Sie es notfalls vorsichtig neben den kleinen Käfig, sein gewohntes Umfeld. Legen Sie eine Futterspur z. B. mit Karottenstückchen vom kleinen Käfig zum großen. Wenn Meerschweinchen in einem zu kleinen Käfig leben müssen, treten Verhaltensstörungen ein. Meerschweinchen machen es dem Halter nicht leicht, dies zu erkennen. Viele andere Tierarten zeigen ihren Frust, indem sich selbst zerstören. Sie reißen sich die Haare aus, oder beginnen die Käfigeinrichtung zu zerstören oder legen im Käfig immer die gleichen Wege zurück. Die Verhaltensbiologen nennen solch ein Verhalten »Stereotypie«. Ganz vereinzelt habe ich solche Störungen bei Meerschweinchen unter schlechten Haltebedingungen beobachtet. Sie rissen sich das Fell aus oder knabberten an den Gitterstäben. Wie gesagt, die Regel ist das nicht. Meerschweinchen scheinen ihren Frust in sich hineinzufressen und werden apathisch. Sparen Sie also nicht an der falschen Stelle und kaufen Sie von Anfang an einen großen Käfig für Ihre Meerschweinchen.

Wenn Meerschweinchen Kummerspeck anlegen

Dick sein kann bei Mensch und Tier verschiedene Ursachen haben. Einerseits spielt die Genetik eine Rolle, andererseits das soziale Umfeld.
Bei Meerschweinchen hat der Biologe Rüdiger Beer auf eindrucksvolle Weise gezeigt, wie sich ein instabiles soziales Umfeld auf den Appetit der Tiere auswirkt. Weibchen, die täglich fremde Partner erleben, fressen mehr und werden dicker.
Diese Beobachtung war nur ein kleines, aber wichtiges Teilergebnis seiner Untersuchungen. Ich bin begeistert von seiner Forschung. Er hat sich die Mühe gemacht, Meerschweinchen ihr Leben lang täglich zu beobachten, ihr Verhalten zu registrieren, Blutwerte und Herzschlag zu messen und zu schauen, wie viel Nachwuchs sie bekommen. Er verglich Weibchenrudel, die immer mit ihren gleichen Rudelgenossen lebten mit denen, die täglich neue Meerschweinchenbekanntschaften hatten. Ständiger Wechsel der Artgenossen erhöht die Stresshormone und die Herzschlagfrequenz. Kurzum, die Tiere stehen permanent unter Stress. Und

Kinder verstehen sich prima mit Meerschweinchen, wenn sie von den Eltern den verantwortungsvollen Umgang lernen. Dieses Tierchen lässt sich völlig angstfrei von seiner kleinen Halterin hochheben.

deshalb futtern sie mehr. Kommt Ihnen das vielleicht bekannt vor? Überraschend ist, dass diese Weibchen statistisch gesehen gleich viele Kinder bekamen wie die Weibchen, die immer im gleichen Rudel lebten, obwohl sie leider ein Jahr früher starben. Stress verkürzt also die Lebensspanne. Rüdiger Beer bringt es auf den Punkt: Schneller leben, früher sterben.

Hinweis: Natürlich sind auch ein zu kleiner Käfig, zu wenig Auslauf, zu wenig Anregung und eine zu kalorienreiche Ernährung häufig die Ursache von Übergewicht. Überprüfen Sie die Haltungsbedingungen, wenn Ihre Meerschweinchen zu dick sind und stellen Sie eventuelle Haltungsfehler ab. Keinesfalls dürfen Meerschweinchen hungern. Sie brauchen vor allem rohfaserhaltiges Futter wie Heu, das die Darmbewegungen aufrechterhält (→ Die Nahrung der Vorfahren, Seite 66).

Die Meerschweinchen werden nicht zahm

Dass Meerschweinchen nicht zahm werden ist selten, kommt aber vor. Überprüfen Sie die Haltungsbedingungen. Steht der Käfig an einem Ort, wo sich die Tiere ängstigen oder gibt es zu viel Lärm, vor dem sich Ihre Meerschweinchen fürchten? Aber auch die Vergangenheit der Tiere kann eine Rolle spielen. Manche Männchen können sich schwerer sozialisieren und nehmen daher kaum eine Beziehung zum Menschen auf. In diesem Fall brauchen Sie Geduld und nochmals Geduld. Versuchen Sie die Meerschweinchen mit Leckerbissen zu verführen. Im Laufe der Zeit lernen sie, dass von Ihnen nur Positives zu erwarten ist.

TEST

Geht es Ihren Tieren gut?

Am Aussehen und an verschiedenen Verhaltensweisen können Sie genau ablesen, ob es Ihren Meerschweinchen gut geht.

	ja	nein
1. Haben die Meerschweinchen Kontakt zu Artgenossen?	○	○
2. Sitzen die Tiere oft beieinander?	○	○
3. Halten die Meerschweinchen untereinander Lautkontakt?	○	○
4. Putzt das Meerschweinchen sein Fell?	○	○
5. Ist das Fell der Meerschweinchen dicht und glänzend?	○	○
6. Erkunden die Tiere ausgiebig das Freigehege?	○	○
7. Beschnuppern die kleinen Nager neue Gegenstände im Käfig?	○	○
8. Lassen sich die Meerschweinchen gerne von Ihnen kraulen?	○	○
9. Bleibt das Gewicht konstant?	○	○
10. Suchen die Meerschweinchen Kontakt zu Ihnen, indem sie Töne von sich geben?	○	○
11. Nutzen Ihre Tiere es intensiv aus, wenn sie Freilauf bekommen?	○	○
12. Kommen die Meerschweinchen freudig ans Käfiggitter gerannt, wenn Sie sie rufen?	○	○

AUFLÖSUNG: 12-mal »ja«: Ihren Tieren könnte es gar nicht besser gehen. Sie fühlen sich pudelwohl. 9- bis 11-mal »ja«: Den Tieren geht es gut, jedoch trübt irgendetwas das Meerschweinchenleben. Finden Sie es heraus. Weniger als 9-mal »ja«: Optimieren Sie die Haltungsbedingungen.

Ihre Meerschweinchen-Gesellschaft fühlt sich in ihrer **gewohnten Umgebung** am wohlsten. Sorgen Sie deshalb rechtzeitig für einen Pfleger, wenn Sie auf Reisen gehen.

Das Meerschweinchen ist ausgebüxt

Meerschweinchen sind keine Ausbrecherkönige wie etwa Kaninchen. Sie graben und sie buddeln nicht. Dennoch kann es vorkommen, dass einer dieser kleinen Nager entwischt. Meist durch Leichtsinn des Halters, so wie es mir ergangen ist, als ich vergaß, die Türe des Freigeheges zu schließen. Alles Suchen half nichts und ich gab fast schon auf, bis ich folgende Idee hatte: Ich legte den Kassettenrecorder ins Freigehege und spielte Meerschweinchentöne ab. Zu Beginn ohne durchschlagenden Erfolg – das Meerschweinchen kam nicht. Erst als ich in Intervallen von etwa zwei Minuten die Laute der Tiere abspielte, kam es angerannt. Welche Wirkung die Pausen hatte, weiß ich nicht, aber ich würde Ihnen empfehlen, Meerschweinchenlaute auf Band zu konservieren – für den Fall der Fälle ...

Die Tiere brauchen Versteckmöglichkeiten, wenn sie sich fürchten.

Urlaubszeit – Reisezeit

Urlaub ist bestimmt die schönste Zeit für Sie und mich, nicht jedoch für die meisten unserer Heimtiere. Einem Hund macht es nichts aus, mit auf Urlaubsreise zu gehen – Hauptsache Herrchen oder Frauchen sind ihm nahe. Ganz anders bei unseren Meerschweinchen. Sie müssen zu Hause bleiben, wenn ihre Besitzer verreisen und sich entsprechend umstellen. Das ist nicht immer einfach für die Tiere und erfordert eine sorgfältige Planung Ihrerseits.

Tiersitter finden: Schauen Sie sich frühzeitig nach einer zuverlässigen Person um, die Ihre Meerschweinchen während Ihrer Abwesenheit pflegen (→ Tiersitter-Pass, Seite 136). Meerschweinchen fühlen sich in ihrer gewohnten Umgebung am wohlsten. Fremdes Terrain, unbekannte Geräusche und Gerüche versetzen sie in Angst und Schrecken. Bitten Sie beispielsweise Freunde und Bekannte, Ihr Rudel im Urlaub zu versorgen. Manchmal ist es aber wie verhext, keiner der Freunde hat Zeit. Mit Studenten und älteren Schülern, die sich etwas dazuverdienen wollen, habe ich gute Erfahrungen gemacht.

Ein Anschlag am »Schwarzen Brett« der Uni oder in der Schule hilft bei der

Suche. Das ist die beste aller Möglichkeiten. Sie hat den Vorteil, dass bis auf die Pflegeperson alles gleich bleibt und den zeitweiligen Verlust von Ihnen verkraften die Kerlchen leicht, da sie ja ihre Artgenossen haben.

Tiersitter einweisen: Learning by doing gilt auch für Ihre Urlaubsvertretung. Nehmen Sie also Ihren Tiersitter bei der täglichen Pflege mit und erklären Sie ihm alles ganz genau. Am besten mehrmals. Der Tiersitter-Pass auf Seite 136 kann Ihrer Vertretung helfen, sich leichter bei der Versorgung Ihrer Meerschweinchen zurechtzufinden.

Was Sie vermeiden müssen: Trennen Sie die Gruppe nicht, weil es später sonst zum Streit kommen kann, vor allem zwischen Meerschweinchenmännern. Setzen Sie Ihre Gruppe nicht zu einem fremden Meerschweinchenrudel von Freunden dazu, denn es dauert meist nicht lange und die Rangauseinandersetzungen beginnen, sowohl bei Männchen als auch Weibchen. Diese Streitereien können blutiger oder unblutiger Natur sein. Aber auch die vermeintlich Harmlosen haben es in sich. Der Verlierer sitzt ruhig in einer Ecke und alles scheint friedlich. Aber der äußere Frieden täuscht. In seinem Inneren setzt ein Bombardement der Stresshormone ein. Dieser Stress kann zum schnellen Tode des kleinen Nagers führen. Finden Sie wirklich niemanden, der Ihre Tiere in ihrer gewohnten Umgebung pflegt, dann bieten auch manche Zoofachhändler, Tierheime und Tierarztpraxen einen Betreungsservice an. Aber wie gesagt, das ist die zweite Wahl. Versuchen Sie alles, dass die Tiere in ihrem gewohnten Käfig bzw. Gehege bleiben können. Das gibt den Meerschweinchen Sicherheit und natürlich auch Geborgenheit.

WUSSTEN SIE SCHON, DASS …

… Meerschweinchen mit den Zähnen klappern?

Das Zähneklappern ist eine Drohgebärde und vor allem dann zu hören, wenn Rangordnungskämpfe unter erwachsenen Männchen bevorstehen. Verbunden sind diese Laute häufig mit dem Hochstellen der Beine und des Körpers. So macht sich das Tier größer, um vor dem Artgenossen zu imponieren. Auch Ihnen gegenüber kann das Meerschweinchen mit den Zähnen klappern, nämlich dann, wenn es wütend auf Sie ist. Das kommt jedoch selten vor.

Falscher Umgang

Schon mehrmals haben mich Eltern darauf angesprochen, dass die Meerschweinchen ihrer Kinder sofort in ihr

Häuschen flüchten, sobald die Kinder ihnen zu nahe kommen. Die Erklärung ist einfach: Die Meerschweinchen haben schlechte Erfahrungen mit den Kindern gemacht. Vielleicht wurden sie ständig herumgeschleppt oder zu grob angefasst. Versuchen Sie in einem solchen Fall, zusammen mit Ihren Kindern, herauszufinden, was den Meerschweinchen nicht behagt. Leiten Sie Ihr Kind dazu an, sich den Tieren vorsichtig zu nähern und mit leiser Stimme anzusprechen (→ ab Seite 59). Vielleicht lassen sich die Meerschweinchen auch durch einen Leckerbissen verführen. Zeigen Sie Ihrem Kind, wie man die Tiere richtig anfasst und trägt (→ Seite 81). Es kann eine ganze Weile dauern, bis die Tiere wieder Vertrauen fassen.

Kinder lernen durch Heimtiere: Heimtiere haben einen positiven Einfluss auf Kinder. Sie demonstrieren uns, dass Tiere denkende, lernende und fühlende Wesen sind. Nur wer dies akzeptiert, kann sie richtig verstehen und lieben. Das gilt für alt und jung.
Umso früher man aber die Erfahrung mit Tieren macht, umso leichter fällt es einem, die Natur zu achten. Das ist ein wichtiges Ziel in der Erziehung unseres Nachwuchses.
Kinder werden fast magisch von Tieren angezogen. Sie möchten sie streicheln, füttern, mit ihnen spielen und sie besitzen. Wie wichtig Tiere für die persönliche Entwicklung eines Kindes sind, ist heute unbestritten. Weltweit hat sich die Forschung mit diesem Thema beschäf-

1 **Wie bringen Sie** Ihrem Meerschweinchen bei, über ein Hindernis zu springen? Zuerst muss es lernen, sich auf die Hinterbeine zu stellen. Das erreichen Sie am besten mit einem Leckerbissen.

2 **Wenn das Meerschweinchen** auf den Hinterbeinen steht, ziehen Sie langsam den Leckerbissen zurück. Das Meerschweinchen folgt der schmackhaften Kost und springt schließlich über die kleine Hürde.

Langeweile macht krank: Kleine sportliche Herausforderungen halten gesund.

tigt. Die Antwort war immer die gleiche: Tiere sind wichtig für Kinder. Durch sie erwerben Kinder die Fähigkeit, auf andere Menschen leichter einzugehen und ihr Gegenüber zu respektieren. Meerschweinchen sind dazu bestens geeignet, denn sie beißen in der Regel nicht und können Kindern nicht gefährlich werden. Sind sie zahm, lassen sie sich gern streicheln und knuddeln. Aber bis es so weit ist, müssen Kinder erst lernen, wie sie mit ihren tierischen Freunden umgehen. Jetzt sind Sie als Eltern gefordert: Sie müssen Ihre Kinder zur richtigen Pflege der Vierbeiner anleiten und das Verständnis für das Meerschweinchen wecken. Das Kind muss begreifen, dass die kleinen Kerle liebe, aber sensible Wesen sind und, dass man nicht grob mit ihnen umgehen darf.

Wenn Meerschweinchen alt werden

Wie alt Meerschweinchen werden, ist schwer zu beantworten, da die Altersangaben in der Literatur stark schwanken. Im Schnitt werden sie als Heimtiere zwischen sechs und acht Jahre alt. Der Altersrekord liegt bei 15 Jahren. Unterschiede im Alter der Kuscheltiere lassen sich im Wesentlichen auf die Lebensbedingungen der Tiere zurückführen. Schlechte Haltungsbedingungen verkürzen ihr Leben drastisch, denn Meerschweinchen sind nun einmal sehr stressanfällig. Mir ist keine Tierart bekannt, bei der man von den Haltungsbedingungen so gut auf die Lebenserwartung schließen kann. Im Vergleich zu ihren Verwandten den Mäusen (vier Jahre), Ratten (drei Jahre) und Hamster (drei Jahre) werden Meerschweinchen fast doppelt so alt. Warum dies so ist, weiß man noch nicht genau. Sicher ist, ein langes Seniorenalter wie beim Menschen gibt es in der Tierwelt nicht. Omas und Opas haben dort keine Aufgabe, wie bei uns Menschen, wo sie bei der »Aufzucht« der Kinder helfen und wichtige Traditionen weitergeben. Das Leben der Tiere endet meist unmittelbar nach dem letzten Nachwuchs. Ihre Aufgabe, für die Erhaltung der Art und die Weitergabe ihrer Gene zu sorgen, ist erfüllt.

Altersanzeichen: Heimtiere werden in aller Regel älter als ihre wilden Vettern. Der Grund ist einleuchtend: Altersschwache Tiere genießen in der Natur

Abschied nehmen

Eines von unseren Meerschweinchen ist unheilbar krank. Unsere beiden Kinder (7 und 10 Jahre alt) wollen nicht, dass wir das Tier einschläfern lassen. Ist es nicht wahre Tierliebe, solch ein unglückliches Wesen von seinen Schmerzen befreien zu lassen?

SIE HABEN RECHT. Wenn der Tierarzt Ihnen keine andere Möglichkeit mehr in Aussicht stellt, dann sollten Sie das Tier von seinen Schmerzen befreien lassen. Dennoch ist es ebenso wichtig, Ihren Kindern klar zu machen, was in diesem Fall »wahre« Tierliebe bedeutet.

Sterben ist wie einschlafen

Kinder nehmen den Tod eines Heimtieres in der Regel anders wahr als Erwachsene, vor allem dann, wenn »ihr« Tier von einem Tierarzt in den Tod geschickt werden soll. Sie haben ihre Gefühle noch nicht so unter Kontrolle, was durchaus kein Nachteil ist. Der Verlust ihres Tieres ist für Kinder meist die erste Konfrontation mit dem Tod und ein großer Schock: Die Unwiederbringlichkeit ihres »Freundes« in ihren Alltag. Mit viel Einfühlungsvermögen müssen Sie Ihren Kindern erklären, dass der Tod zum Leben gehört. Der Abschied von ihrem Vierbeiner wird ihnen erleichtert, wenn Sie Ihren Kindern erklären, dass Tiere keine Vorstellung vom Tod haben und daher auch keine Angst vor dem Sterben. Für Meerschweinchen und andere Tiere bedeutet Sterben nicht mehr als »Einschlafen«. Versuchen Sie das, Ihren Kindern einleuchtend zu vermitteln.

Was passiert mit dem toten Tier?

Die meisten Kinder wünschen sich, ihren vierbeinigen Freund zu beerdigen. Dieser Wunsch ist absolut legitim und hilft, Trauer zu bewältigen. Zum Glück ist dies bei kleinen Tieren wie Meerschweinchen keinerlei Problem. Das geliebte Tier kann im Garten, unter einem Strauch oder auf der Wiese begraben werden. Nehmen Sie die Trauer Ihrer Kinder ernst, auch wenn Ihnen das alles übertrieben vorkommen sollte. Fertigen Sie für das Tier einen kleinen »Sarg« beispielsweise aus einem Schuhkarton an. Übrigens gibt es auch »echte« kleine Holzsärge im Zoofachhandel zu kaufen. Doch so weit muss es nicht gehen.
Meiner Meinung nach tut es eben auch ein Karton. Betten Sie die kleine Leiche hinein und schmücken Sie sein »Bett für die Ewigkeit« eventuell mit einigen Blättern und Blüten.

Zu Grabe tragen

Ich weiß, es hört sich sentimental an, doch tragen Sie den liebsten Freund Ihrer Kinder zu Grabe. Wenn möglich markieren Sie die kleine Grabstätte mit einem Holzkreuz oder einem Stein, auf dem der Name des Tieres steht. Für Kinder ist ein solches Grab oft ein großer Trost.

keinen Schutz. Unsere Heimtiere dagegen werden geliebt und bestens versorgt. Kein Wunder, dass man bei ihnen ab einem gewissen Alter auch die Spuren des Alterns erkennen kann. Die ersten Anzeichen sind ein »stumpfes Fell« und ein wenig Haarausfall. Die kleinen Vierbeiner werden nun auch anfälliger für Flöhe und Milben. Vermutlich arbeitet ihr Immunsystem nicht mehr so schlagkräftig. Die Zipperlein häufen sich.

Jetzt darauf achten: Sorgen Sie dafür, dass das Tier genügend Vitamine und Mineralien bekommt. Ansonsten behalten Sie den Speiseplan bei. Obwohl die älteren Meerschweinchen ruhiger werden und ein Nickerchen in der Sonne lieben, haben sie keine Nachteile in der Gruppe. Sie werden weder vom Futter verdrängt noch aus dem Rudel ausgestoßen. Alt und jung verträgt sich gut. Im Kopf sind sie noch erstaunlich fit. Wie wir feststellten, konnten auch noch ältere Tiere Neues lernen und Aufgaben, die sie vor einem Jahr gelernt hatten, vergaßen sie nicht. Ihr Gedächtnis arbeitete gut. Wie bei vielen Säugetieren, erhöht sich auch beim alten Meerschweinchen die Herzschlagfrequenz und die Augen werden trübe und verlieren Wasser. Durch den Wasserverlust verändert sich der Druck im Auge. Ob sich damit die Sehkraft merklich verändert, weiß man bis heute noch nicht. Vermutlich hören Meerschweinchen schlechter, denn sie quietschen, purren, glucksen und rufen weniger. Genaues weiß man nicht. Auch nicht von den anderen Sinnesorganen. Zum Trost bleibt festzustellen: All diese Alterungsprozesse setzen spät ein und verlaufen dann rasch.

Wie Meerschweinchen sterben

Das Sterben sieht leicht und friedlich aus und dauert nur wenige Minuten. Einen »Todeskampf«, wie bei manchen Menschen, konnte ich nicht feststellen. Alles, was ich über das Sterben dieser kleinen Freunde weiß, habe ich selbst beobachtet. Untersuchungen darüber

Zwei gute Freunde teilen alles: Das Meerschweinchen besucht seinen Artgenossen, um das neue Eigenheim zu inspizieren.

MEIN HEIMTIER

Wie verbringen Meerschweinchen den Tag?

Werden Sie für einen Tag Verhaltensforscher und finden Sie heraus, was Ihre Meerschweinchen während des Tages treiben. Stellen Sie fest, ob die Tiere zu bestimmten Zeiten ruhen oder aktiv sind oder wann sie besonders gesellig sind.

Der Test beginnt:

Notieren Sie sechsmal über den Tag verteilt jeweils eine Viertelstunde das Verhalten eines Meerschweinchens. Beschränken Sie sich auf ein Tier. Mehrere Tiere gleichzeitig zu beobachten ist zu schwierig. Fertigen Sie eine Liste an, in der aufgeführt wird, was Ihr Tier tut. Noch besser ist es, das Verhalten mit einer Videokamera zu filmen. Wenn es Ihnen Spaß macht, können Sie Ihren Forscherdrang auf weitere Tage ausdehnen.

Mein Testergebnis:

gibt es meines Wissens nicht. Die meisten meiner Tiere fraßen an ihrem Todestag weniger, bewegten sich kaum, einige verließen ihr Schlafhäuschen nicht. Vermutlich wollten sie sich zurückziehen. Bei den anderen konnte ich genau sehen, wie sie starben. Sie legten sich auf die Seite – so, wie sie es auch tun, wenn sie schlafen. In dieser Position verharrten sie dösend und schwer atmend. Plötzlich zuckte ihr Körper mehrere Male und der kleine Vierbeiner war tot.

Die Rudelgenossen: Sie reagierten gar nicht auf den toten Artgenossen. Das erstaunte mich, und daher ließ ich die kleine Leiche für einige Stunden im Käfig. Das Einzige, was ich feststellen konnte, war ein kurzes Schnuppern am toten Tier. Nicht die Spur von Trauer war zu erkennen. Was wirklich in ihren Köpfen vor sich geht, ist schwer zu beurteilen. Ich habe den Verdacht, dass sie das tote Rudelmitglied nicht mehr als einen der ihren ansehen.

Hinweis: Zum Glück leiden Meerschweinchen beim Sterben nicht, und man kann sich das Einschläfern vom Tierarzt ersparen. Im Falle einer schweren schmerzhaften Erkrankung sollten Sie jedoch nicht zögern, den Tierarzt das Tier mit einer Injektion von seinen Schmerzen erlösen zu lassen.

Ist ein Meerschweinchen körperlich und geistig gefordert, zeigt es keine Verhaltensstörungen.

Tiersitter-Pass

Sie möchten in Urlaub fahren und ein Tiersitter kümmert sich um Ihre Lieblinge? Hier können Sie alles aufschreiben, was Ihre Urlaubsvertretung wissen sollte. So sind Ihre Meerschweinchen bestens versorgt, und Sie können Ihren Urlaub in vollen Zügen genießen!

Meine Meerschweinchen heißen:

So sehen Sie aus:

Das schmeckt ihnen:

täglich in dieser Menge:

einmal pro Woche in dieser Menge:

Leckerchen für zwischendurch:

Das trinken sie:

Die richtigen Fütterungszeiten:

Das Futter wird aufbewahrt:

Hausputz:

Das wird täglich gesäubert:

Wöchentlich reinigt man:

Diese Streicheleinheiten lieben sie:

Wie man sie toll beschäftigen kann:

Das mögen sie gar nicht:

Was meine Tiere nicht dürfen:

Das ist außerdem wichtig:

Das ist ihr Tierarzt:

Meine Urlaubsadresse und Telefon:

REGISTER

Die **halbfett** gesetzten Seitenzahlen verweisen auf Abbildungen.

VERBÄNDE/ VEREINE

Meerschweinchenfreunde Deutschland, Bundesverband Deutschland (MFDBD) e.V., PF 250 222, D-68085 Mannheim, www.meerschweinchen-freunde.de

Vereinigung der Schweizer Meerschweinchenfreunde, Heidi Hanselmann, Peterweg 8a, CH-8305 Dietlikon, E-Mail: info@meerschweinchenfreunde.ch

Verein der Meerschweinchen-freunde in Österreich e. V., Oberzellergasse 1/17/9, A-1030 Wien, Meeri-Infoline: 0043/699/19717273, www.meerschweinchen-verein.at

Bundesarbeitsgruppe Kleinsäuger e.V., Binzer Str. 14, D-04207 Leipzig, www.bag-kleinsaeuger.de (nur Fragen zur Haltung)

Norddeutscher Meerschweinchen- und Kleinnagerverein e.V. (NMKV), Richard Olschewski, Siedlerweg 32, D-38459 Bahrdorf, www.nmkvev.de

Rassezuchtverband Österreichischer Kleintierzüchter (RÖK), Geschäftsstelle: Mollgasse 11-13, A-1180 Wien, www.kleintierzucht-roek.at (nur Fragen zur Haltung!)

Forschungskreis Heimtiere in der Gesellschaft, Postfach 11 07 28, D-28087 Bremen, www.mensch-heimtier.de, info@mensch-heimtier.de

Fragen zur Haltung beantworten auch:

Ihr Zoofachhändler und der **Zentralverband Zoologischer Fachbetriebe Deutschlands e.V.** (ZZF), Tel.: 0611/44 75 53 32 (nur telefonische Auskunft möglich: Mo 12-16 Uhr, Do 8-12 Uhr), www.zzf.de

Für Fragen zu Haltung und Gesundheit von Heimtieren: **Institut für Tierschutz und Verhalten, Tierschutzzentrum**, Bünteweg 2, D-30559 Hannover, www.tierschutzzentrum.de

Deutscher Tierschutzbund e.V., Baumschulallee 15, D-53115 Bonn, www.tierschutzbund.de

Schweizer Tierschutz (STS), Dornacherstr. 101, CH-4008 Basel, www.tierschutz.com, Heimtier-Beratungsstelle Tel. 0041/61/3659986 (mittwochs 14-17 Uhr), E-Mail: sts@tierschutz.com; sonst Tel. 0041/61/3659999; Fax 0041/61/3659990

Tierschutzbund Basel, Eggfluhstr. 17, CH-4054 Basel www.tierschutz.com

Hier erhalten Sie Adressen von Tierarztpraxen, die mit Naturheilverfahren arbeiten: **Gesellschaft für ganzheitliche Tiermedizin e.V.** (GGTM), www.ggtm.de, E-Mail: info@ggtm.de

Empfehlenswerte Internetadressen:

www.guineapig.de

www.meerschwein.de

www.meerschweinchen.de

www.meerschweinchen.ch

www.meerschweinchen.in

Informationen über giftige Pflanzen erhalten Sie unter: www.giftpflanzen.ch

ZEITSCHRIFTEN

Rodentia. Kleinsäuger-Fachmagazin, Natur und Tierverlag GmbH, Münster
www.ms-verlag.de

Ein Herz für Tiere,
Gong Verlag, Ismaning
www.herz-fuer-tiere.de

BÜCHER, DIE WEITERHELFEN

Altmann, Fritz Dietrich: *Meerschweinchen.* Verlag Eugen Ulmer, Stuttgart

Beer, Rüdiger: *Stress und Life-History weiblicher Hausmeerschweinchen in instabiler sozialer Umwelt.* Books on Demand GmbH

Birmelin, Immanuel: *Mein Meerschweinchen und ich.* Gräfe und Unzer Verlag, München

Birmelin, Immanuel: *Meerschweinchen – glücklich & gesund.* Gräfe und Unzer Verlag, München

Gabrisch, K.: *Krankheiten der Heimtiere.* Schlütersche Verlagsanstalt, Hannover

Hamel, Ilse: *Das Meerschweinchen als Patient.* Enke Verlag, Stuttgart

Kunkel, Peter und Irene: *Beiträge zu Ethologie des Hausmeerschweinchens.* Zeitschrift für Tierpsychologie 1963

Sachser, Norbert: *Sozialphysiologische Untersuchungen an Hausmeerschweinchen.* Paul Parey Verlag, Stuttgart

Sachser, Norbert, Künzel, Christine und Kaiser, Sylvia: *The Welfare of Laboratory Guinea Pigs.* Kluver Academic Publishers, Dordrecht

Stahnke, A. und Hendrichs, H.: Meerschweinchenartige, in: *Grzimeks Enzyklopädie der Säugetiere.* Kindler Verlag, München

DANK

Dank an Professor Norbert Sachser und sein Team, die einen wesentlichen Beitrag zum Verständnis der Meerschweinchen geleistet haben. Danken möchte ich auch meinem Doktorvater, Professor Tschanz, der mich in die Verhaltensforschung eingeführt hat.

DIE FOTOS

Die Abbildungen der Kapitelaufmacherseiten zeigen:
Seite 6: Bei Meerschweinchen gibt es keinen Futterneid. Fast alles wird »brüderlich« geteilt.
Seite 32: Ein Häuschen als Rückzugsmöglichkeit ist für das Fluchttier Meerschweinchen besonders wichtig. Sehr empfehlenswert sind Häuschen aus Holz mit zwei Ein- bzw. Ausgängen.
Seite 50: Ein völlig zahmes Tier – wer wünscht sich das nicht? Bauen Sie von Anfang an Vertrauen auf, dann kann nichts schief gehen.
Seite 64: Solch ein leckerer Gemüsespieß beschäftigt Ihre Meerschweinchen eine ganze Weile.
Seite 78: Siesta – wer wagt es, uns zu stören? Es ist wichtig, die Ruhephasen der Tiere zu respektieren.
Seite 96: Beschäftigung ist für die geistige und körperliche Fitness unverzichtbar.
Seite 105: Mutter und Kind. Die Kleinen sind früh selbstständig.
Seite 122: Ein neuer Artgenosse zieht ein. Die Gewöhnung muss sehr behutsam erfolgen.

Der Autor

Der Freiburger Verhaltensbiologe Dr. Immanuel Birmelin beschäftigt sich seit über 25 Jahren mit der Erforschung des Verhaltens von Haus-, Zoo- und Zirkustieren. Er hält selbst Meerschweinchen, Wellensittiche und Hunde. Im Gräfe und Unzer Verlag sind bereits die GU-Tierratgeber »Mein Meerschweinchen und ich«, »Meerschweinchen glücklich & gesund«, »Wellensittiche« und »Der schlaue Hund« von Immanuel Birmelin erschienen. Darüber hinaus ist der Autor auch als wissenschaftlicher Berater bei Tierfilm-Produktionen und als Sachverständiger für artgerechte Tierhaltung tätig.

Der Fotograf

Oliver Giel hat sich auf Tier- und Naturfotografie spezialisiert. Seine Bilder werden in vielen Zeitschriften und Tierratgebern veröffentlicht. Alle Fotos in diesem Buch stammen von Oliver Giel mit Ausnahme von: Toni Angermayer: Seite 8, 9-1, 9-2; Artemis View/ Elsner: Seite 29-o-re; Regina Kuhn: Seite 26-o, 26-u; Ulrike Schanz: Seite 27-o-re, 30-o-re, 30-u-re, 31-o, 31-u-li, 31-u-re.

Redaktion: Christine Axmann, Gabriele Linke-Grün, Veronika Sonnleitner
Bildredaktion: Adriane Andreas
Umschlaggestaltung: independent Medien-Design
Innenlayout: independent Medien-Design
Satz: Christopher Hammond, München
Herstellung: Susanne Mühldorfer
Repro: Longo AG, Bozen
Druck und Bindung: Druckhaus Kaufmann, Lahr

ISBN 978-3-8338-0060-3

3. Auflage 2008

GRÄFE UND UNZER

Ein Unternehmen der
GANSKE VERLAGSGRUPPE

DAS ORIGINAL GU MIT GARANTIE

Unsere Garantie

Alle Informationen in diesem Ratgeber sind sorgfältig und gewissenhaft geprüft. Sollte dennoch einmal ein Fehler enthalten sein, schicken Sie uns das Buch mit dem entsprechenden Hinweis an unseren Leserservice zurück. Wir tauschen Ihnen den GU-Ratgeber gegen einen anderen zum gleichen oder ähnlichen Thema um.

Liebe Leserin und lieber Leser,

wir freuen uns, dass Sie sich für ein GU-Buch entschieden haben. Mit Ihrem Kauf setzen Sie auf die Qualität, Kompetenz und Aktualität unserer Ratgeber. Dafür sagen wir Danke! Wir wollen als führender Ratgeberverlag noch besser werden. Daher ist uns Ihre Meinung wichtig. Bitte senden Sie uns Ihre Anregungen, Ihre Kritik oder Ihr Lob zu unseren Büchern. Haben Sie Fragen oder benötigen Sie weiteren Rat zum Thema? Wir freuen uns auf Ihre Nachricht!

Wir sind für Sie da!
Montag – Donnerstag: 8.00 – 18.00 Uhr;
Freitag: 8.00 – 16.00 Uhr
Tel.: 0180 - 5 00 50 54* *(0,14 €/Min. aus dem dt. Festnetz/ Mobilfunkpreise können abweichen.)
Fax: 0180 - 5 01 20 54*
E-Mail: leserservice@graefe-und-unzer.de

P.S.: Wollen Sie noch mehr Aktuelles von GU wissen, dann abonnieren Sie doch unseren kostenlosen GU-Online-Newsletter und/oder unsere kostenlosen Kundenmagazine.

GRÄFE UND UNZER VERLAG
Leserservice
Postfach 86 03 13
81630 München